SDGs辞典

渡邉 優／著

ミネルヴァ書房

SDGs辞典

渡邉 優［著］

ミネルヴァ書房

はじめに

本書は、ＳＤＧｓ用語集（縦書き）と、ＳＤＧｓ英語辞典（横書き）の2部からなる、一風変わった構成の本である。奇をてらっている訳ではない。変わった形には理由がある。

何故「用語集」の形式にしたのか。既にＳＤＧｓについては多くの書籍が出版されているが、ＳＤＧｓに出てくる用語の解説書が見当たらなかったからだ。それならば書き下ろすしかない。

著者は昔から「大事なことは自ら原典に当たるべし」と肝に銘じている。文学作品でも学術書でも、原典にはそれを書いた人の努力や議論や研究の成果が詰まっている。だから原典をしっかりと読めば理解は深まり、逆に原典を自分で読んでいないと、理解は浅薄なままになりがちである。

今の時代、私たちは報道やネット記事、テレビ番組の一言でわかったつもりになってしまう。情報の多すぎる現代、ある程度仕方ないことだけれど、国連憲章、世界人権宣言、日本国憲法、日米安全保障条約など、私たちの生活に大きくかかわる大事な事柄は、薄っぺらな理解で留まらないために、著者は原典を読んできた。ＳＤＧｓも同じく世界の抱える待ったなしの課題が書かれた大事な原典であると考えているので、常に原典に当たってきた。

Preface

This book has an unusual structure, consisting of two parts: a glossary of SDGs terms (written vertically) and a dictionary of SDGs English (written horizontally). This is not an eccentric book. There are reasons for the unusual format.

Why did I choose the format of a "glossary"? Many books have already been published on the SDGs, but I could not find a glossary of the terms that appear in the SDGs. Then there was no choice but to write it down.

I have long been of the mind that one should consult the original sources by oneself for important matters. Whether it is a literary work or an academic book, the original source contains the results of the writer's efforts, discussions, and research. Therefore, a thorough reading of the original source will deepen our understanding. On the other hand, if we do not read the original source ourselves, our understanding tends to remain shallow.

In this day and age, we think we understand something just by reading a single word in a news report, an internet article, or a TV program. In today's world of too much information, this is unavoidable to a certain extent. I myself have read the original texts of the UN Charter, the Universal Declaration of Human Rights, the Japanese Constitution, the Japan-U.S. Security Treaty, and other important documents that affect our lives, in order to avoid a flimsy understanding of these momentous issues. The SDGs are also an important source of information on the world's pressing issues, so I have always consulted the original sources.

世界でも日本でも、ＳＤＧｓは今や「一般常識」になっている。政府、地方公共団体、企業、ＮＧＯ、アカデミー、個々人が協力して挙げて取り組む課題である。こう考える著者は、より多くの人に、このようなＳＤＧｓを、ぜひ原典を読んで深く理解し、自ら思いをめぐらし、家族や友人や先生と議論し、自らの役割を考え、実施していってほしいと願っている。

ところが、ＳＤＧｓは日本語でも英語でも文章がわかりにくく、専門用語がたくさん出てきて読みづらい。ＳＤＧｓだけでなく国際的な文書が読みづらいのは本当である。専門家たちは解説なきまま専門用語を文書に盛り込むから、一般の人には通じない。各国政府やＮＧＯやアカデミーなど多くの関係者が議論して作られるので、時に曖昧な表現になる。場合により、各項目の間に矛盾があることも稀ではない。

実は著者も、多くの外交文書をめぐって交渉し、国連や国際機関の決議や条約など数百の文書作りに関与してきたので、わかりにくい文書作りに荷担してきた責任を感じている。大事な原典であるＳＤＧｓを、誰もがわかるように解説するお手伝いをしなければいかん、という自責の念が、本書執筆の一つの背景である。

The SDGs have become "common knowledge" in today's world and in Japan. They are the issues that the national government, local governments, corporations, NGOs, academia, and individuals must work together to address. I hope that more and more people will read the original texts of the SDGs, understand them deeply, think about them on their own, discuss them with their families, friends, and teachers, consider their own roles, and implement them.

It is true that not only the SDGs but other international documents are difficult to read. Experts use jargons in these documents without explanation, and this makes them difficult for the general public to understand. Since the documents are produced after discussions among many parties, including national governments, NGOs, and academies, they are sometimes ambiguous. In some cases, it is not uncommon for there to be contradictions between various items.

In fact, I have negotiated over many diplomatic documents and have been involved in the creation of hundreds of documents, including resolutions and treaties of the United Nations and international organizations, and feel responsible for the creation of documents that are difficult to understand. One of the reasons for writing this book is my own sense of responsibility to help explain the SDGs, which are an important source document, in a way that everyone can understand.

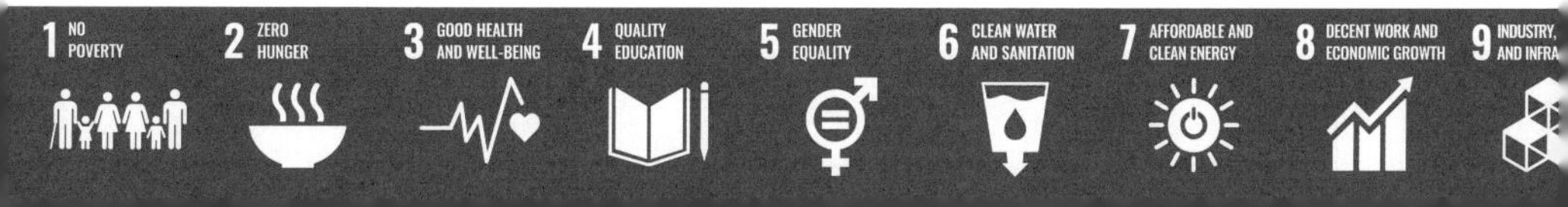

次に、左開きのＳＤＧｓ英和辞典を加えた理由である。ＳＤＧｓは国連文書だから、英語の他、スペイン語、フランス語、中国語、ロシア語、アラビア語という国連公用語に翻訳されている。しかし、国連の交渉そのものは、英語で行われ、英語で合意される。英文のＳＤＧｓこそが原典なのである。英語は国連の場のみならず、ネットでもビジネスでも、今や世界の共通語になっている。ＳＤＧｓは世界の課題であり、世界中の教育過程で取り入れられるべき常識となっている。だから著者は、ＳＤＧｓが今英語を学んでいる皆さんにとって、英語に親しむと同時にＳＤＧｓという世界の常識も学ぶのは、一石二鳥と考えたのだ。

読者の皆さんは、学生時代も、社会に出てからも海外の友人や同僚やビジネス・パートナーと語り合う機会があるだろう。皆さんが、英語の原典を読み込んで、より深くＳＤＧｓを理解し、世界の人たちとＳＤＧｓについて話し合うお手伝いをしたい。これが、本書にＳＤＧｓ英和辞典が含まれている理由である。

Next, I will explain why I added a left-opening SDGs English-Japanese dictionary: Since the resolution on the SDGs is a UN document, it has been translated into the official UN languages, namely Spanish, French, Chinese, Russian, and Arabic, in addition to English. However, the UN negotiations themselves are conducted and agreed upon in English. The UN resolution on SDGs in English is the original text. The SDGs are global issues and should be incorporated into educational processes around the world. Therefore, I thought that the SDGs would be a good opportunity for those of you who are now learning English to kill two birds with one stone by becoming familiar with English and at the same time learning about the SDGs, which is common knowledge in the world.

Readers are likely to have opportunities to talk with friends, colleagues, and business partners overseas, both during school years and after entering the workforce. I would like to help you all understand the SDGs more deeply and discuss the SDGs with people around the world by reading the original English-language text. This is why I have included an SDGs English-Japanese Dictionary in this publication.

もくじ

SDGs辞典

SDGsの17の目標

SDGs用語解説

これからSDGsを学ぶ皆さんへ 5つの提言（英語対訳付）

SDGsが生まれるまで（英語対訳付）……130

SDGs Dictionary

この辞典の使い方

③英語で書かれたターゲットの文章の日本語。

出典：https://www.mofa.go.jp/mofaj/gaiko/oda/sdgs/statistics/index.html

②比較的長い言葉で表した各目標。

①各目標のロゴマーク。日本語で「テーマ」が記されている。

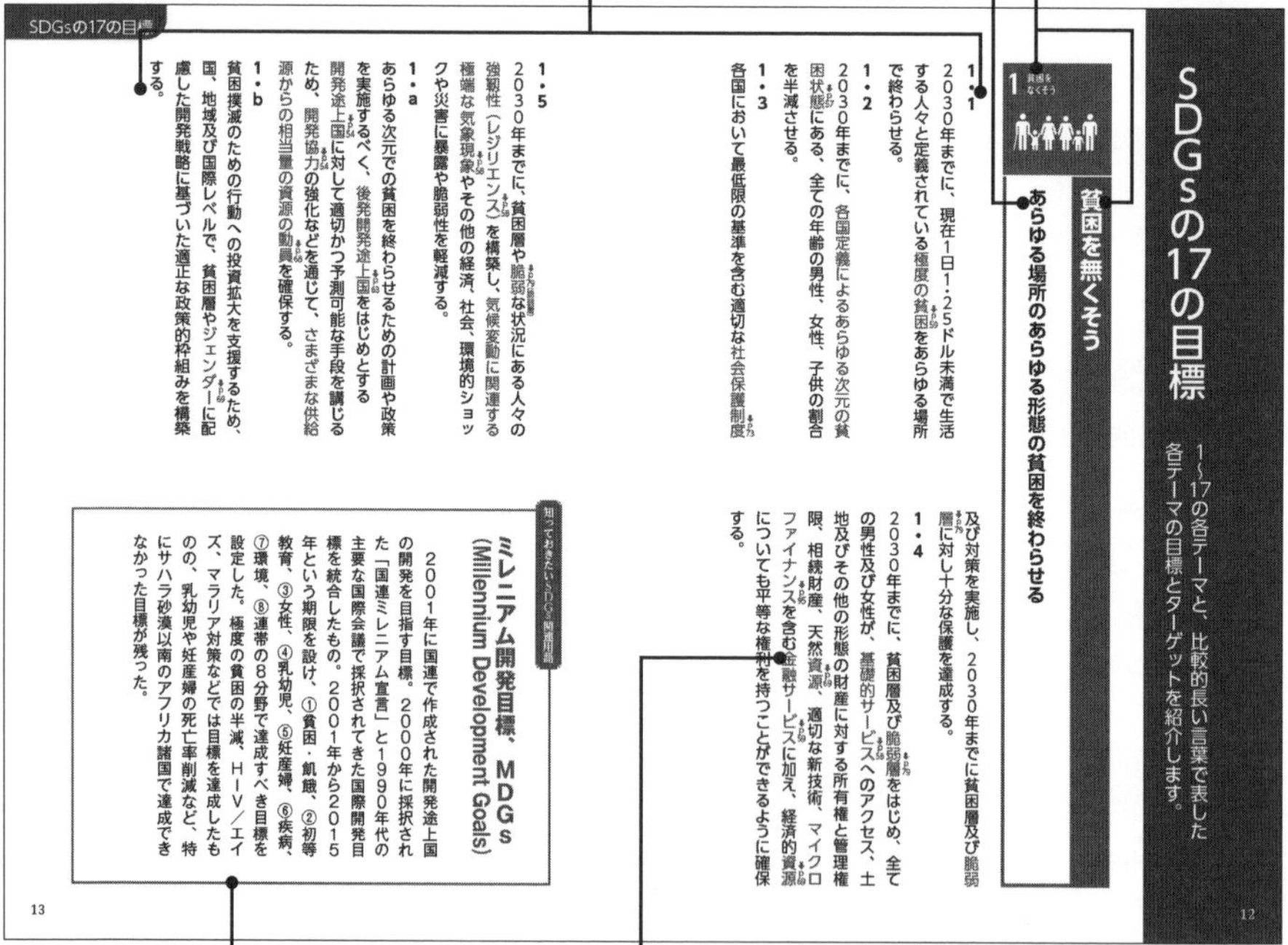

SDGsの17の目標
1〜17の各テーマと、比較的長い言葉で表した各テーマの目標とターゲットを紹介します。
1 貧困をなくそう
貧困を無くそう
あらゆる場所のあらゆる形態の貧困を終わらせる
1・1
2030年までに、現在1日1.25ドル未満で生活する人々と定義されている極度の貧困をあらゆる場所で終わらせる。
1・2
2030年までに、各国定義によるあらゆる次元の貧困状態にある、全ての年齢の男性、女性、子供の割合を半減させる。
1・3
各国において最低限の基準を含む適切な社会保護制度及び対策を実施し、2030年までに貧困層及び脆弱層に対し十分な保護を達成する。
1・4
2030年までに、貧困層及び脆弱層をはじめ、全ての男性及び女性が、基礎的サービスへのアクセス、土地及びその他の形態の財産に対する所有権と管理権限、相続財産、天然資源、適切な新技術、マイクロファイナンスを含む金融サービスに加え、経済的資源についても平等な権利を持つことができるように確保する。
12
SDGsの17の目標
1・5
2030年までに、貧困層や脆弱な状況にある人々の強靱性（レジリエンス）を構築し、気候変動に関連する極端な気象現象やその他の経済、社会、環境的ショックや災害に暴露や脆弱性を軽減する。
1・a
あらゆる次元での貧困を終わらせるための計画や政策を実施するべく、後発開発途上国をはじめとする開発途上国に対して適切かつ予測可能な手段を講じるため、開発協力の強化などを通じて、さまざまな供給源からの相当量の資源の動員を確保する。
1・b
貧困撲滅のための行動への投資拡大を支援するため、国、地域及び国際レベルで、貧困層やジェンダーに配慮した開発戦略に基づいた適正な政策的枠組みを構築する。
知っておきたいSDGs関連用語
ミレニアム開発目標、MDGs (Millennium Development Goals)
2001年に国連で作成された開発途上国の開発を目指す目標。2000年に採択された「国連ミレニアム宣言」と1990年代の主要な国際会議で採択されてきた国際開発目標を統合したもの。2001年から2015年という期限を設け、①貧困・飢餓、②初等教育、③女性、④乳幼児、⑤妊産婦、⑥疾病、⑦環境、⑧連帯の8分野で達成すべき目標を設定した。極度の貧困の半減、HIV／エイズ、マラリア対策などでは目標を達成したものの、乳幼児や妊産婦の死亡率削減など、特にサハラ砂漠以南のアフリカ諸国で達成できなかった目標が残った。
13

⑤SDGsに関連する用語で、知っておきたいものをピックアップして解説。

④文章中、赤字になっている用語は、覚えておきたい重要なもので、後述の「SDGs用語解説」にくわしい解説を掲載。それぞれ➡のページを参照。

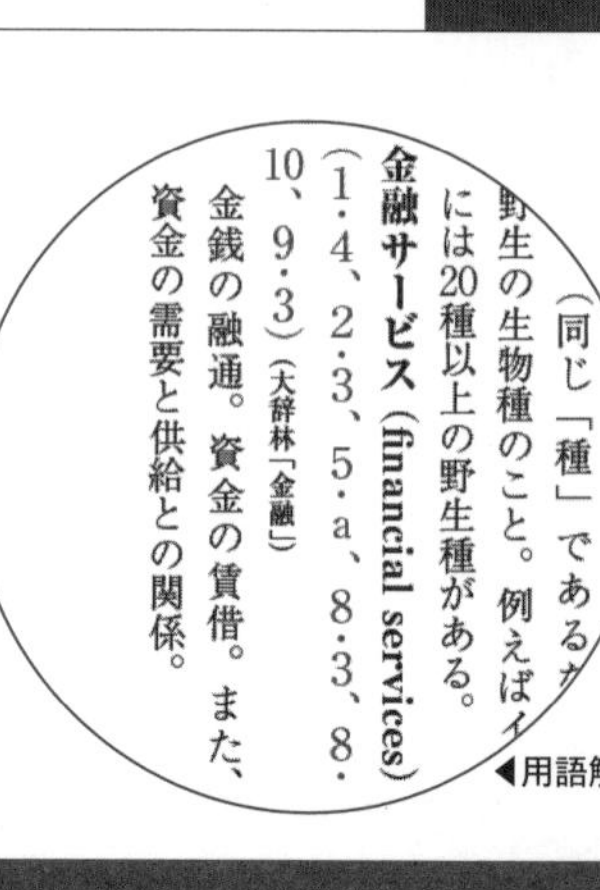

家畜と近い
（同じ「種」であるか
野生の生物種のこと。例えばイ
には20種以上の野生種がある。
金融サービス（financial services）
（1・4、2・3、5・a、8・3、8・10、9・3）（大辞林「金融」）
金銭の融通。資金の貸借。また、資金の需要と供給との関係。

◀用語解説。

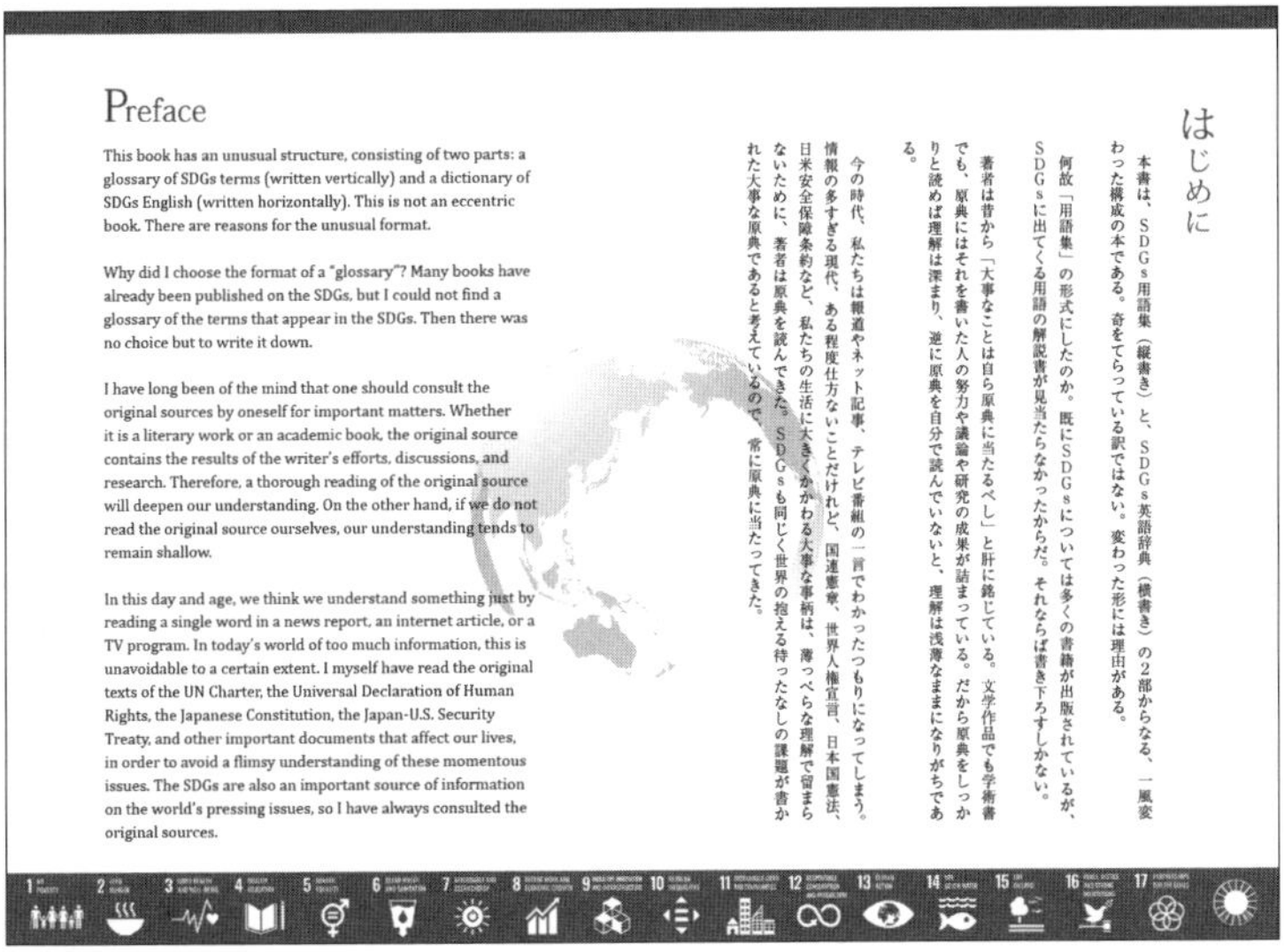

Preface

This book has an unusual structure, consisting of two parts: a glossary of SDGs terms (written vertically) and a dictionary of SDGs English (written horizontally). This is not an eccentric book. There are reasons for the unusual format.

Why did I choose the format of a "glossary"? Many books have already been published on the SDGs, but I could not find a glossary of the terms that appear in the SDGs. Then there was no choice but to write it down.

I have long been of the mind that one should consult the original sources by oneself for important matters. Whether it is a literary work or an academic book, the original source contains the results of the writer's efforts, discussions, and research. Therefore, a thorough reading of the original source will deepen our understanding. On the other hand, if we do not read the original source ourselves, our understanding tends to remain shallow.

In this day and age, we think we understand something just by reading a single word in a news report, an internet article, or a TV program. In today's world of too much information, this is unavoidable to a certain extent. I myself have read the original texts of the UN Charter, the Universal Declaration of Human Rights, the Japanese Constitution, the Japan-U.S. Security Treaty, and other important documents that affect our lives, in order to avoid a flimsy understanding of these momentous issues. The SDGs are also an important source of information on the world's pressing issues, so I have always consulted the original sources.

はじめに

本書は、SDGs用語集（縦書き）と、SDGs英語辞典（横書き）の2部からなる、一風変わった構成の本である。奇をてらっている訳ではない。変わった形には理由がある。

何故「用語集」の形式にしたのか。既にSDGsについては多くの書籍が出版されているが、SDGsに出てくる用語の解説書が見当たらなかったからだ。それならば書き下ろすしかない。

著者は昔から「大事なことは自ら原典に当たるべし」と肝に銘じている。文学作品でも学術書でも、原典にはそれを書いた人の努力や議論や研究の成果が詰まっている。だから原典をしっかりと読めば理解は深まり、逆に原典を自分で読んでいないと、理解は浅薄なままになりがちである。

今の時代、私たちは報道やネット記事、テレビ番組の一言でわかったつもりになってしまう。情報の多すぎる現代、ある程度仕方ないことだけれど、国連憲章、世界人権宣言、日本国憲法、日米安全保障条約など、私たちの生活に大きくかかわる大事な事柄は、薄っぺらな理解で留まらないために、著者は原典を読んできた。SDGsも同じく世界の抱える待ったなしの課題が書かれた大事な原典であると考えているので、常に原典に当たってきた。

⑥「はじめに」「これからSDGsを学ぶ皆さんへ」「SDGsが生まれるまで」「あとがき」では、右ページに日本語の文章を、左ページにその対訳を掲載。

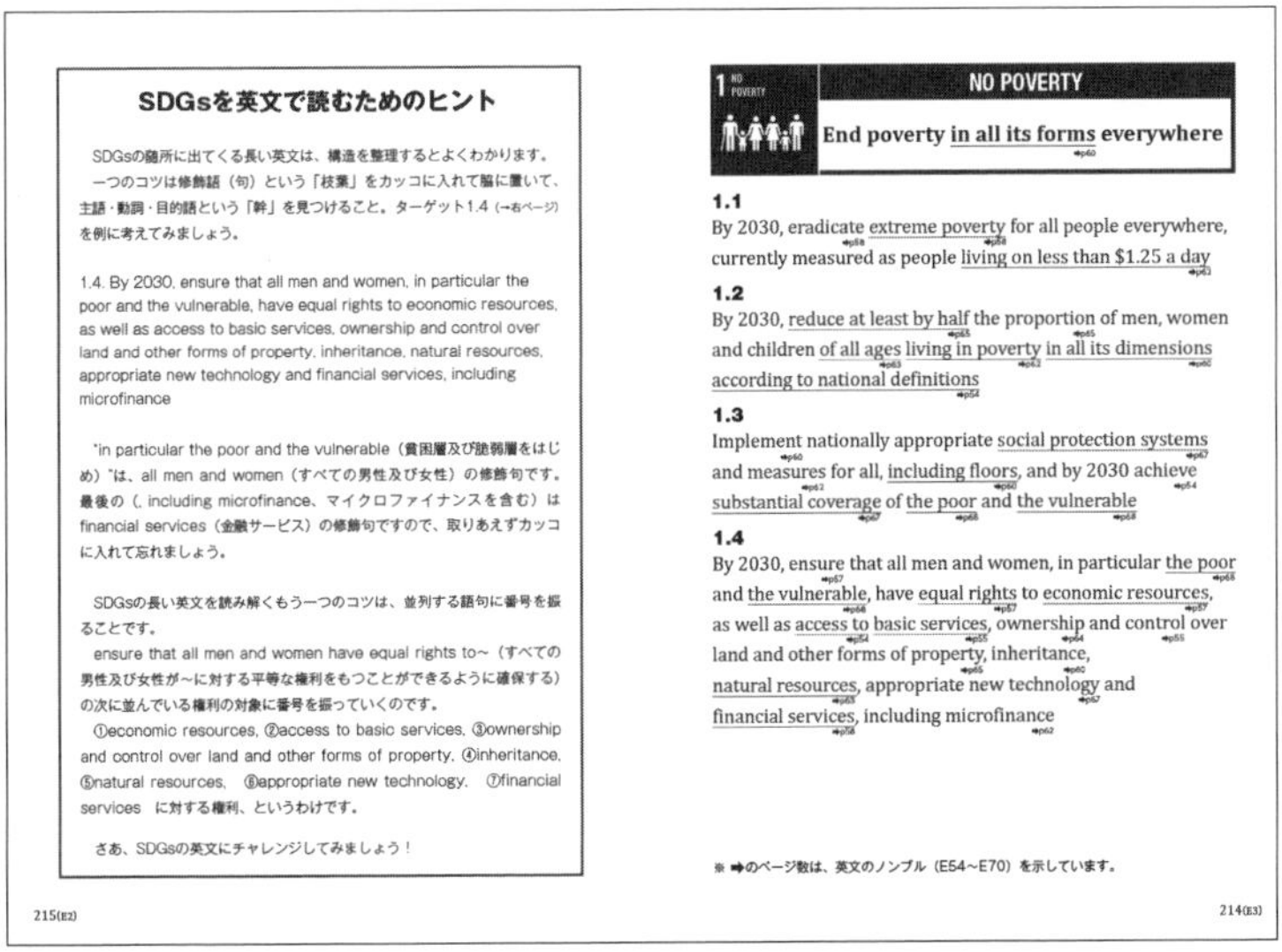

SDGsを英文で読むためのヒント

SDGsの随所に出てくる長い英文は、構造を整理するとよくわかります。

一つのコツは修飾語（句）という「枝葉」をカッコに入れて脇に置いて、主語・動詞・目的語という「幹」を見つけること。ターゲット1.4（→右ページ）を例に考えてみましょう。

1.4. By 2030, ensure that all men and women, in particular the poor and the vulnerable, have equal rights to economic resources, as well as access to basic services, ownership and control over land and other forms of property, inheritance, natural resources, appropriate new technology and financial services, including microfinance

"in particular the poor and the vulnerable（貧困層及び脆弱層をはじめ）"は、all men and women（すべての男性及び女性）の修飾句です。最後の（, including microfinance、マイクロファイナンスを含む）はfinancial services（金融サービス）の修飾句ですので、取りあえずカッコに入れて忘れましょう。

SDGsの長い英文を読み解くもう一つのコツは、並列する語句に番号を振ることです。

ensure that all men and women have equal rights to~（すべての男性及び女性が~に対する平等な権利をもつことができるように確保する）の次に並んでいる権利の対象に番号を振っていくのです。

①economic resources, ②access to basic services, ③ownership and control over land and other forms of property, ④inheritance, ⑤natural resources, ⑥appropriate new technology, ⑦financial services に対する権利、というわけです。

さあ、SDGsの英文にチャレンジしてみましょう！

215(E2)

1 NO POVERTY

NO POVERTY

End poverty in all its forms everywhere

1.1
By 2030, eradicate extreme poverty for all people everywhere, currently measured as people living on less than $1.25 a day

1.2
By 2030, reduce at least by half the proportion of men, women and children of all ages living in poverty in all its dimensions according to national definitions

1.3
Implement nationally appropriate social protection systems and measures for all, including floors, and by 2030 achieve substantial coverage of the poor and the vulnerable

1.4
By 2030, ensure that all men and women, in particular the poor and the vulnerable, have equal rights to economic resources, as well as access to basic services, ownership and control over land and other forms of property, inheritance, natural resources, appropriate new technology and financial services, including microfinance

※ ➡のページ数は、英文のノンブル（E54~E70）を示しています。

214(E3)

⑦「SDGsの17の目標」の英文は、うしろのページから掲載。青字は、覚えておきたい重要な単語およびフレーズで、後述の「English-Japanese Dictionary」に訳語を掲載。それぞれ ➡のページを参照。

SDGsの17の目標

1〜17の各テーマと、比較的長い言葉で表した各テーマの目標とターゲットを紹介します。

1 貧困をなくそう

貧困を無くそう

あらゆる場所のあらゆる形態の貧困を終わらせる

1・1

2030年までに、現在1日1・25ドル未満で生活する人々と定義されている極度の貧困↓p59をあらゆる場所で終わらせる。

1・2

2030年までに、各国定義によるあらゆる次元の貧困状態↓p57にある、全ての年齢の男性、女性、子供の割合を半減させる。

1・3

各国において最低限の基準を含む適切な社会保護制度↓p73及び対策を実施し、2030年までに貧困層及び脆弱層↓p79に対し十分な保護を達成する。

1・4

2030年までに、貧困層及び脆弱層↓p79をはじめ、全ての男性及び女性が、基礎的サービス↓p58へのアクセス、土地及びその他の形態の財産に対する所有権と管理権限、相続財産、天然資源↓p69、適切な新技術、マイクロファイナンス↓p95を含む金融サービス↓p59に加え、経済的資源↓p69についても平等な権利を持つことができるように確保する。

1・5

2030年までに、貧困層や脆弱[↓p79（脆弱層）]な状況にある人々の強靭性（レジリエンス）[↓p58]を構築し、気候変動に関連する極端な気象現象[↓p58]やその他の経済、社会、環境的ショックや災害に暴露や脆弱性を軽減する。

1・a

あらゆる次元での貧困を終わらせるための計画や政策を実施するべく、後発開発途上国[↓p63]をはじめとする開発途上国[↓p54]に対して適切かつ予測可能な手段を講じるため、開発協力[↓p54]の強化などを通じて、さまざまな供給源からの相当量の資源の動員[↓p68]を確保する。

1・b

貧困撲滅のための行動への投資拡大を支援するため、国、地域及び国際レベルで、貧困層やジェンダー[↓p69]に配慮した開発戦略に基づいた適正な政策的枠組みを構築する。

知っておきたいSDGs関連用語

ミレニアム開発目標、MDGs (Millennium Development Goals)

2001年に国連で作成された開発途上国の開発を目指す目標。2000年に採択された「国連ミレニアム宣言」と1990年代の主要な国際会議で採択されてきた国際開発目標を統合したもの。2001年から2015年という期限を設け、①貧困・飢餓、②初等教育、③女性、④乳幼児、⑤妊産婦、⑥疾病、⑦環境、⑧連帯の8分野で達成すべき目標を設定した。極度の貧困の半減、HIV／エイズ、マラリア対策などでは目標を達成したものの、乳幼児や妊産婦の死亡率削減など、特にサハラ砂漠以南のアフリカ諸国で達成できなかった目標が残った。

2 飢餓をゼロに

飢餓をゼロに

飢餓を終わらせ、食料安全保障[↓p76]及び栄養改善を実現し、持続可能な農業を促進する

2・1
2030年までに、飢餓を撲滅し、全ての人々、特に貧困層及び幼児を含む脆弱[↓p79（脆弱層）]な立場にある人々が一年中安全かつ栄養のある食料を十分得られるようにする。

2・2
5歳未満の子供の発育阻害[↓p91]や消耗性疾患[↓p75]について国際的に合意されたターゲット[↓p64]を2025年までに達成するなど、2030年までにあらゆる形態の栄養不良を解消し、若年女子、妊婦・授乳婦及び高齢者の栄養ニーズへの対処を行う。

2・3
2030年までに、土地、その他の生産資源[↓p79]や、投入財[↓p87]、知識、金融サービス[↓p59]、市場及び高付加価値化や非農業雇用の機会への確実かつ平等なアクセスの確保などを通じて、女性、先住民、家族農家、牧畜民及び漁業者をはじめとする小規模食料生産者の農業生産性[↓p79]及び所得を倍増させる。

2・4
2030年までに、生産性[↓p79]を向上させ、生産量を増やし、生態系[↓p79]を維持し、気候変動や極端な気象現象、干ばつ、洪水及びその他の災害に対する適応[↓p86]能力を向上させ、漸進的に土地と土壌の質を改善させるような、持続可能な食料生産システムを確保し、強靭（レジリエント[↓p58]）な農業を実践する。

2・5
2020年までに、国、地域及び国際レベルで適正に管理及び多様化された種子・植物バンク[↓p75]なども通じて、種子、栽培植物、飼育・家畜化された動物及びこれら

の近縁野生種↓p59の遺伝的多様性↓p51を維持し、国際的合意に基づき、遺伝資源↓p51及びこれに関連する伝統的な知識↓p87へのアクセス及びその利用から生じる利益の公正かつ衡平な配分を促進する。

2・a

開発途上国↓p54、特に後発開発途上国↓p63における農業生産能力向上のために、国際協力の強化などを通じて、農村インフラ↓p90、農業研究・普及サービス、技術開発及び植物・家畜のジーン・バンクへの投資の拡大を図る。

2・b

ドーハ開発ラウンド↓p88のマンデート↓p96に従い、全ての農産物輸出補助金↓p90及び同等の効果を持つ全ての輸出措置の同時撤廃などを通じて、世界の市場における貿易制限や歪み↓p93を是正及び防止する。

2・c

食料価格の極端な変動に歯止めをかけるため、食料市場及びデリバティブ↓p86市場の適正な機能を確保するための措置を講じ、食料備蓄などの市場情報への適時のアクセスを容易にする。

慢性栄養不良の５歳未満児の割合（2018年）

出典：日本ユニセフ協会「SDGs CLUB」

3 すべての人に健康と福祉を

すべての人に健康と福祉を

あらゆる年齢のすべての人々の健康的な生活↓p61を確保し、福祉を促進する

3・1
2030年までに、世界の妊産婦の死亡率を出生10万人当たり70人未満に削減する。

3・2
全ての国が新生児死亡率を少なくとも出生1，000件中12件以下まで減らし、5歳以下死亡率を少なくとも出生1，000件中25件以下まで減らすことを目指し、2030年までに、新生児及び5歳未満児の予防可能な死亡を根絶する。

3・3
2030年までに、エイズ↓p52、結核↓p61、マラリア↓p96及び顧みられない熱帯病↓p56といった伝染病を根絶するとともに肝炎、水系感染症↓p77及びその他の感染症に対処する。

3・4
2030年までに、非感染性疾患↓p91による若年死亡率↓p74を、予防や治療を通じて3分の1減少させ、精神保健及び福祉を促進する。

3・5
薬物乱用やアルコールの有害な摂取を含む、物質乱用↓p92の防止・治療を強化する。

3・6
2020年までに、世界の道路交通事故による死傷者を半減させる。

3・7
2030年までに、家族計画、情報・教育及び性と生殖に関する健康の国家戦略・計画への組み入れを含む、性と生殖に関する保健サービス↓p80を全ての人々が利用で

きるようにする。

3・8

全ての人々に対する財政リスクからの保護、質の高い基礎的な保健サービスへのアクセス及び安全で効果的かつ質が高く安価な必須医薬品[↓p92]とワクチンへのアクセスを含む、ユニバーサル・ヘルス・カバレッジ（UHC）[↓p98]を達成する。

3・9

2030年までに、有害化学物質[↓p97]、並びに大気、水質及び土壌の汚染[↓p83]による死亡及び疾病の件数を大幅に減少させる。

3・a

全ての国々において、たばこの規制に関する世界保健機関枠組条約[↓p84]の実施を適宜強化する。

3・b

主に開発途上国に影響を及ぼす感染性及び非感染性疾患のワクチン及び医薬品の研究開発[↓p61]を支援する。また、知的所有権の貿易関連の側面に関する協定[↓p85]（TRIPS協定）及び公衆の健康に関するドーハ宣言に従い、安価な必須医薬品及びワクチンへのアクセスを提供する。同宣言は公衆衛生保護及び、特に全ての人々への医薬品のアクセス提供にかかわる「知的所有権の貿易関連の側面に関する協定（TRIPS協定）」の柔軟性に関する規定を最大限に行使する開発途上国の権利を確約したものである。

3・c

開発途上国[↓p54]、特に後発開発途上国[↓p63]及び小島嶼開発途上国[↓p75]において保健財政及び保健人材の採用、能力開発・訓練及び定着を大幅に拡大させる。

3・d

全ての国々、特に開発途上国の国家・世界規模な健康危険因子[↓p61]の早期警告、危険因子緩和及び危険因子管理のための能力を強化する。

4 質の高い教育をみんなに

質の高い教育をみんなに

すべての人々への包摂的かつ公正な質の高い教育を提供し、生涯学習の機会を促進する

4・1
2030年までに、全ての子供が男女の区別なく、適切かつ効果的な学習成果をもたらす、無償かつ公正で質の高い初等教育及び中等教育を修了できるようにする。

4・2
2030年までに、全ての子供が男女の区別なく、質の高い乳幼児の発達・ケア及び就学前教育↓p74にアクセスすることにより、初等教育を受ける準備が整うようにする。

4・3
2030年までに、全ての人々が男女の区別なく、手の届く質の高い技術教育↓p58・職業教育↓p76及び大学を含む高等教育↓p63への平等なアクセスを得られるようにする。

4・4
2030年までに、技術的・職業的スキルなど、雇用、働きがいのある人間らしい仕事↓p90及び起業に必要な技能を備えた若者と成人の割合を大幅に増加させる。

4・5
2030年までに、教育におけるジェンダー↓p69格差を無くし、障害者、先住民及び脆弱な立場にある子供など、脆弱層↓p79があらゆるレベルの教育や職業訓練↓p76に平等にアクセスできるようにする。

4・6
2030年までに、全ての若者及び大多数（男女とも）の成人が、読み書き能力↓p98及び基本的計算能力を身に付けられるようにする。

4・7

2030年までに、持続可能な開発[p71]のための教育及び持続可能なライフスタイル、人権[p77]、男女の平等、平和及び非暴力的文化の推進、グローバル・シチズンシップ[p60]、文化多様性[p93]と文化の持続可能な開発[p71]への貢献の理解の教育を通して、全ての学習者が、持続可能な開発[p71]を促進するために必要な知識及び技能を習得できるようにする。

4・a

子供、障害及びジェンダー[p69]に配慮した教育施設を構築・改良し、全ての人々に安全で非暴力的、包摂的[p94]、効果的な学習環境を提供できるようにする。

4・b

2020年までに、開発途上国[p54]、特に後発開発途上国[p63]及び小島嶼開発途上国[p75]、並びにアフリカ諸国を対象とした、職業訓練[p76]、情報通信技術（ＩＣＴ）[p75]、技術・工学・科学プログラムなど、先進国及びその他の開発途上国[p54]における高等教育の奨学金の件数を全世界で大幅に増加させる。

4・c

2030年までに、開発途上国[p54]、特に後発開発途上国[p63]及び小島嶼開発途上国[p75]における教員研修のための国際協力などを通じて、質の高い教員の数を大幅に増加させる。

学校の設備が整わず、外で授業を受けるウガンダの子どもたち。

©Alan Gignoux ¦ Dreamstime.com

5 ジェンダー平等を実現しよう

ジェンダー平等を実現しよう

ジェンダー↓p69平等を達成し、すべての女性及び女児の能力強化↓p90を行う

5・1
あらゆる場所における全ての女性及び女児に対するあらゆる形態の差別↓p67を撤廃する。

5・2
人身売買↓p77や性的、その他の種類の搾取↓p67など、全ての女性及び女児に対する、公共・私的空間におけるあらゆる形態の暴力を排除する。

5・3
未成年者の結婚、早期結婚、強制結婚及び女性器切除↓p76など、あらゆる有害な慣行を撤廃する。

5・4
公共のサービス、インフラ↓p52及び社会保障政策の提供、並びに各国の状況に応じた世帯・家族内における責任分担を通じて、無報酬の育児・介護や家事労働を認識・評価する。

5・5
政治、経済、公共分野でのあらゆるレベルの意思決定において、完全かつ効果的な女性の参画及び平等なリーダーシップの機会を確保する。

5・6
国際人口・開発会議（ICPD）の行動計画↓p64及び北京行動綱領↓p93、並びにこれらの検証会議の成果文書に従い、性と生殖に関する健康↓p80及び権利への普遍的アクセスを確保する。

5・a
女性に対し、経済的資源↓p69に対する同等の権利、並びに各国法に従い、オーナーシップ↓p53及び土地その他の財産、金融サービス↓p59、相続財産、天然資源↓p69に対するアク

セスを与えるための改革に着手する。

5・b

女性の能力強化↓p90促進のため、ICTをはじめとする実現技術↓p72の活用を強化する。

5・c

ジェンダー↓p69平等の促進、並びに全ての女性及び女子のあらゆるレベルでの能力強化↓p90のための適正な政策及び拘束力のある法規を導入・強化する。

ジェンダー平等の実現を目指して女性の権利を主張するデモ。

©Elen Baryshnikova ¦ Dreamstime.com

6 安全な水とトイレを世界中に

安全な水とトイレを世界中に

すべての人々の水と衛生の利用可能性と持続可能な管理を確保する

6・1
2030年までに、全ての人々の、安全で安価な飲料水↓p50の普遍的かつ平等なアクセスを達成する。

6・2
2030年までに、全ての人々の、適切かつ平等な下水施設・衛生施設へのアクセスを達成し、野外での排泄をなくす。女性及び女子、並びに脆弱↓p79（脆弱層）な立場にある人々のニーズに特に注意を向ける。

6・3
2030年までに、汚染の減少、投棄廃絶と有害な化学物質や物質の放出の最小化、未処理の排水の割合半減及び再生利用↓p66と安全な再利用↓p66の世界的規模での大幅な増加させることにより、水質を改善する。

6・4
2030年までに、全セクターにおいて水の利用効率を大幅に改善し、淡水の持続可能な採取及び供給を確保し水不足に対処するとともに、水不足に悩む人々の数を大幅に減少させる。

6・5
2030年までに、国境を越えた適切な協力を含む、あらゆるレベルでの統合水資源管理↓p87を実施する。

6・6
2020年までに、山地、森林、湿地、河川、帯水層↓p84、湖沼などの水に関連する生態系↓p97の保護・回復を行う。

6・a
2030年までに、集水、海水淡水化、水の効率的利用、排水処理、リサイクル・再利用技術など、開発途上国↓p54における水と衛生分野での活動や計画を対象とした国際協力と能力構築支援を拡大する。

6・b

水と衛生に関わる分野の管理向上への地域コミュニティ↓p84の参加を支援・強化する。

降雨量が不足し、水たまりから水をくむ女性と子どもたち（インド）。

7 エネルギーをみんなに そしてクリーンに

エネルギーをみんなにそしてクリーンに

すべての人々の、安価かつ信頼できる持続可能な近代的エネルギーへのアクセスを確保する

7・1
2030年までに、安価かつ信頼できる現代的エネルギーサービスへの普遍的アクセスを確保する。

7・2
2030年までに、世界のエネルギーミックス↓p53における再生可能エネルギー↓p66の割合を大幅に拡大させる。

7・3
2030年までに、世界全体のエネルギー効率↓p52の改善率を倍増させる。

7・a
2030年までに、再生可能エネルギー↓p66、エネルギー効率↓p52及び先進的かつ環境負荷の低い化石燃料↓p56技術などのクリーンエネルギー↓p60の研究及び技術へのアクセスを促進するための国際協力を強化し、エネルギー関連イ

ンフラ↓p52とクリーンエネルギー↓p60技術への投資を促進する。

7・b

2030年までに、各々の支援プログラムに沿って開発途上国↓p54、特に後発開発途上国↓p63及び小島嶼開発途上国↓p75、内陸開発途上国↓p89の全ての人々に現代的で持続可能なエネルギーサービスを供給できるよう、インフラ↓p52拡大と技術向上を行う。

北海道のオトンルイ風力発電所。

8 働きがいも 経済成長も

働きがいも経済成長も

包摂的かつ持続可能な経済成長↓p61及びすべての人々の完全かつ生産的な雇用と働きがいのある人間らしい雇用（ディーセント・ワーク↓p90）を促進する

8・1
各国の状況に応じて、一人当たり経済成長率↓p92を持続させる。特に後発開発途上国↓p63は少なくとも年率7％の成長率を保つ。

8・2
高付加価値セクター↓p64や労働集約型セクター↓p100に重点を置くことなどにより、多様化、技術向上及びイノベーション↓p51を通じた高いレベルの経済生産性↓p79を達成する。

8・3
生産活動や適切な雇用創出、起業、創造性及びイノベーション↓p51を支援する開発重視型の政策を促進するとともに、金融サービス↓p59へのアクセス改善などを通じて中小零細企業↓p86の設立や成長を奨励する。

8・4
2030年までに、世界の消費と生産における資源効率↓p69を漸進的に改善させ、先進国主導の下、持続可能な消費と生産に関する10年計画枠組み↓p72に従い、経済成長↓p61と環境悪化の分断を図る。

8・5
2030年までに、若者や障害者を含むすべての男性及び女性の、完全かつ生産的な雇用及び働きがいのある人間らしい仕事、ならびに同一価値の労働についての同一賃金を達成する。

8・6
2020年までに、就労、就学及び職業訓練のいずれも行っていない若者↓p74の割合を大幅に減らす。

8・7
強制労働[p59]を根絶し、現代の奴隷制[p89]、人身売買[p77]を終らせるための緊急かつ効果的な措置の実施、最悪な形態の児童労働[p73]の禁止及び撲滅を確保する。2025年までに児童兵士[p72]の募集と使用を含むあらゆる形態の児童労働[p73]を撲滅する。

8・8
移住労働者[p50]、特に女性の移住労働者[p50]や不安定な雇用状態にある労働者など、全ての労働者の権利を保護し、安全・安心な労働環境を促進する。

8・9
2030年までに、雇用創出、地方の文化振興・産品販促につながる持続可能な観光業を促進するための政策を立案し実施する。

8・10
国内の金融機関の能力を強化し、全ての人々の銀行取引、保険及び金融サービス[p59]へのアクセスを促進・拡大する。

8・a
後発開発途上国への貿易関連技術支援のための拡大統合フレームワーク（EIF）[p64]などを通じた支援を含む、開発途上国[p54]、特に後発開発途上国[p63]に対する貿易のための援助[p93]を拡大する。

8・b
2020年までに、若年雇用[p65]のための世界的戦略及び国際労働機関（ILO）の仕事に関する世界協定[p70]の実施を展開・運用化する。

9 産業と技術革新の基盤をつくろう

産業と技術革新の基盤をつくろう

強靭（レジリエント↓p58）なインフラ↓p52構築、包摂的↓p94かつ持続可能な産業化の促進及びイノベーション↓p51の推進を図る

9・1
全ての人々に安価で公平なアクセスに重点を置いた経済発展と人間の福祉を支援するために、地域・越境インフラ↓p52を含む質の高い、信頼でき、持続可能かつ強靭（レジリエント↓p58）なインフラを開発する。

9・2
包摂的↓p94かつ持続可能な産業化↓p68を促進し、2030年までに各国の状況に応じて雇用及びGDPに占める産業↓p68セクターの割合を大幅に増加させる。後発開発途上国↓p63については同割合を倍増させる。

9・3
特に開発途上国↓p54における小規模の製造業その他の企業の、安価な資金貸付などの金融サービス↓p59やバリューチェーン↓p91及び市場への統合へのアクセスを拡大する。

9・4
2030年までに、資源↓p69利用効率の向上とクリーン技術及び環境に配慮した技術・産業プロセスの導入拡大を通じたインフラ↓p52改良や産業改善により、持続可能性を向上させる。全ての国々は各国の能力に応じた取組を行う。

9・5
2030年までにイノベーション↓p51を促進させることや100万人当たりの研究開発↓p61従事者数を大幅に増加させ、また官民研究開発↓p61の支出を拡大させるなど、開発途上国↓p54をはじめとする全ての国々の産業↓p68セクターにおける科学研究を促進し、技術能力を向上させる。

9・a
アフリカ諸国、後発開発途上国↓p63、内陸開発途上国↓p89及び

小島嶼開発途上国p75への金融・テクノロジー・技術の支援強化を通じて、開発途上国p54における持続可能かつ強靱（レジリエント）p58なインフラp52開発を促進する。

9・b
産業の多様化p68や商品への付加価値創造などに資する政策環境の確保などを通じて、開発途上国p54の国内における技術開発、研究及びイノベーションp51を支援する。

9・c
後発開発途上国p63において情報通信技術p75へのアクセスを大幅に向上させ、２０２０年までに普遍的かつ安価なインターネットアクセスを提供できるよう図る。

GDPの産業別構成（2020年、日本の場合）

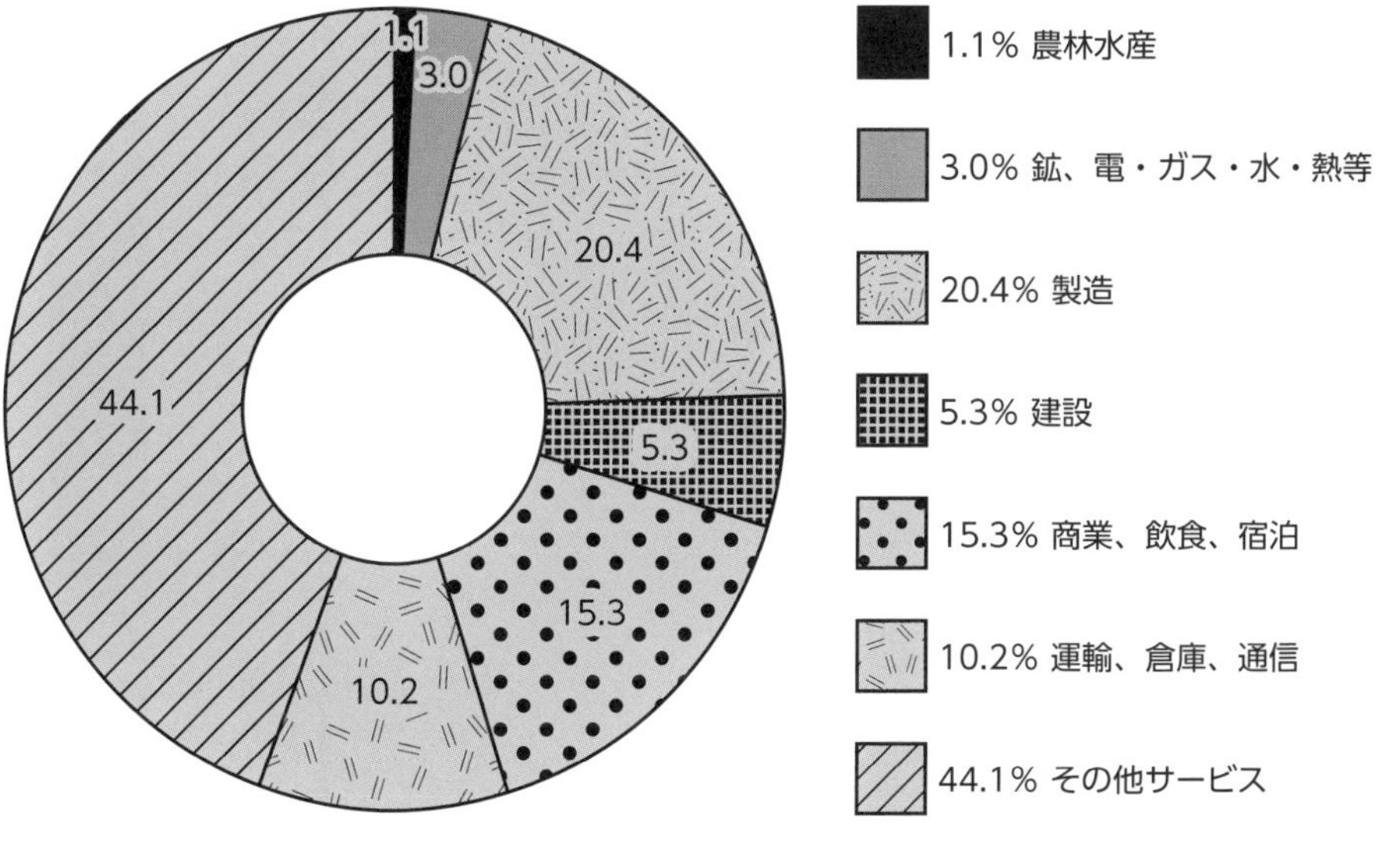

©jp.gdfreak.com

10 人や国の不平等をなくそう

人や国の不平等をなくそう

各国内及び各国間の不平等を是正する

10・1

２０３０年までに、各国の所得下位４０％の所得成長率について、国内平均を上回る数値を漸進的に達成し、持続させる。

10・2

２０３０年までに、年齢、性別、障害、人種、民族、出自、宗教、あるいは経済的地位その他の状況に関わりなく、全ての人々の能力強化↓p90及び社会的、経済的及び政治的な包含を促進する。

10・3

差別↓p67的な法律、政策及び慣行の撤廃、並びに適切な関連法規、政策、行動の促進などを通じて、機会均等を確保し、成果の不平等↓p77を是正する。

10・4

税制、賃金、社会保障政策をはじめとする政策を導入し、平等の拡大を漸進的に達成する。

10・5

世界金融市場と金融機関に対する規制とモニタリングを改善し、こうした規制の実施を強化する。

10・6

地球規模の国際経済・金融制度↓p85の意思決定における開発途上国↓p54の参加や発言力を拡大させることにより、より効果的で信用力があり、説明責任のある正当な制度を実現する。

10・7

計画に基づき良く管理された移民政策の実施などを通じて、秩序のとれた、安全で規則的かつ責任ある移住や流動性を促進する。

10・a

世界貿易機関（WTO）[↓p81]協定に従い、開発途上国[↓p54]、特に後発開発途上国[↓p63]に対する特別かつ異なる待遇[↓p88]の原則を実施する。

10・b

各国の国家計画やプログラムに従って、後発開発途上国[↓p63]、アフリカ諸国、小島嶼開発途上国[↓p75]及び内陸開発途上国[↓p89]を始めとする、ニーズが最も大きい国々への、政府開発援助（ODA）[↓p80]及び海外直接投資[↓p54]を含む資金の流入[↓p69]を促進する。

10・c

2030年までに、移住労働者による送金コスト[↓p50]を3%未満に引き下げ、コストが5%を越える送金経路を撤廃する。

人種差別に対する抗議デモを行う若者たち。

11 住み続けられるまちづくりを

住み続けられるまちづくりを

包摂的↓p94で安全かつ強靱（レジリエント↓p58）で持続可能な都市及び人間居住を実現する

11・1
2030年までに、全ての人々の、適切、安全かつ安価な住宅及び基本的サービスへのアクセスを確保し、スラムを改善する。

11・2
2030年までに、脆弱↓p79(脆弱層)な立場にある人々、女性、子供、障害者及び高齢者のニーズに特に配慮し、公共交通機関の拡大などを通じた交通の安全性改善により、全ての人々に、安全かつ安価で容易に利用できる、持続可能な輸送システムへのアクセスを提供する。

11・3
2030年までに、包摂的↓p94かつ持続可能な都市化を促進し、全ての国々の参加型、包摂的かつ持続可能な人間居住計画・管理の能力を強化する。

11・4
世界の文化遺産及び自然遺産の保護・保全↓p95の努力を強化する。

11・5
2030年までに、貧困層及び脆弱↓p79(脆弱層)な立場にある人々の保護に焦点をあてながら、水関連災害などの災害による死者や被災者数を大幅に削減し、世界の国内総生産比で直接的経済損失を大幅に減らす。

11・6
2030年までに、大気の質及び一般並びにその他の廃棄物↓p90の管理に特別な注意を払うことによるものを含め、都市の一人当たりの環境上の悪影響を軽減する。

11・7
2030年までに、女性、子供、高齢者及び障害者を含め、人々に安全で包摂的[p94]かつ利用が容易な緑地や公共スペースへの普遍的アクセスを提供する。

11・a

各国・地域規模の開発計画の強化を通じて、経済、社会、環境面における都市部、都市周辺部及び農村部間の良好なつながりを支援する。

11・b

2020年までに、包含、資源効率[p69]、気候変動の緩和[p57]と適応[p86]、災害に対する強靭さ（レジリエンス[p58]）を目指す総合的政策及び計画を導入・実施した都市及び人間居住地の件数を大幅に増加させ、仙台防災枠組2015—2030[p82]に沿って、あらゆるレベルでの総合的な災害リスク管理[p66]の策定と実施を行う。

11・c

財政的及び技術的な支援などを通じて、後発開発途上国[p63]における現地の資材を用いた、持続可能かつ強靭（レジリエント[p58]）な建造物の整備を支援する。

インドの首都デリーのスラム街のそばに広がる廃棄物置き場。リサイクルできるゴミを集めている人たちがいる。

©kouji／PIXTA

12 つくる責任 つかう責任

つくる責任つかう責任

持続可能な生産消費形態を確保する

12・1
開発途上国↓p54の開発状況や能力を勘案しつつ、持続可能な消費と生産に関する10年計画枠組み（10YFP）↓p72を実施し、先進国主導の下、全ての国々が対策を講じる。

12・2
2030年までに天然資源↓p69の持続可能な管理及び効率的な利用を達成する。

12・3
2030年までに小売・消費レベルにおける世界全体の一人当たりの食料の廃棄↓p76を半減させ、収穫後損失↓p74などの生産・サプライチェーン↓p67における食料の損失を減少させる。

12・4
2020年までに、合意された国際的な枠組み↓p62に従い、製品ライフサイクル↓p98を通じ、環境上適正な化学物質や全ての廃棄物↓p90の管理を実現し、人の健康や環境への悪影響を最小化するため、化学物質や廃棄物↓p90の大気、水、土壌への放出を大幅に削減する。

12・5
2030年までに、廃棄物↓p90の発生防止、削減、再生利用及び再利用により、廃棄物↓p90の発生を大幅に削減する。

12・6
特に大企業や多国籍企業などの企業に対し、持続可能な取り組みを導入し、持続可能性に関する情報を定期報告に盛り込むよう奨励する。

12・7
国内の政策や優先事項に従って持続可能な公共調達↓p62の慣行を促進する。

12・8
2030年までに、人々があらゆる場所において、持続可能な開発↓p71及び自然と調和したライフスタイルに関する情報と意識↓p71を持つようにする。

12・a
開発途上国↓p54に対し、より持続可能な消費・生産形態の促進のための科学的・技術的能力の強化を支援する。

12・b
雇用創出、地方の文化振興・産品販促につながる持続可能な観光業に対して持続可能な開発↓p71がもたらす影響を測定する手法を開発・導入する。

12・c
開発途上国↓p54の特別なニーズや状況を十分考慮し、貧困層やコミュニティを保護する形で開発に関する悪影響を最小限に留めつつ、税制改正や、有害な補助金↓p95が存在する場合はその環境への影響を考慮してその段階的廃止などを通じ、各国の状況に応じて、市場のひずみを除去することで、浪費的な消費を奨励する、化石燃料↓p56に対する非効率な補助金を合理化する。

分別ゴミの収集。廃棄物は年々増え続けている。

13 気候変動に具体的な対策を

気候変動に具体的な対策を

気候変動及びその影響を軽減するための緊急対策を講じる

13・1
全ての国々において、気候関連災害や自然災害に対する強靱性（レジリエンス）↓p58及び適応↓p86の能力を強化する。

13・2
気候変動対策を国別の政策、戦略及び計画に盛り込む。

13・3
気候変動の緩和↓p57、適応↓p86、影響軽減及び早期警戒に関する教育、啓発、人的能力及び制度機能を改善する。

13・a
重要な緩和↓p57行動の実施とその実施における透明性確保に関する開発途上国↓p54のニーズに対応するため、2020年までにあらゆる供給源から年間1、000億ドルを共同で動員するという、UNFCCC↓p66の先進締約国によるコミットメント↓p82を実施するとともに、可能な限り速やかに資本を投入して緑の気候基金↓p97を本格始動させる。

13・b
後発開発途上国↓p63及び小島嶼開発途上国↓p75において、女性や青年、地方及び社会的に疎外されたコミュニティに焦点を当てることを含め、気候変動関連の効果的な計画策定と管理のための能力を向上するメカニズムを推進する。

気候変動によって、熱波や干ばつ、大雨といった極端な気象・気候現象がおきる可能性が高くなっている。写真は東京都心のゲリラ豪雨時のようす。

知っておきたいSDGs関連用語

共通だが差異ある責任

13・aに限らず気候変動問題について特に先進国の果たすべき役割が大きいとされているが、この背景にあるのが、「共通だが差異ある責任（Common But Differentiated Responsibilities、CBDR）」という考え方である。これは1992年のリオデジャネイロにおける国連環境開発会議で合意されたもので、環境悪化、特に大気中の温室効果ガスの大部分は、先進国が過去に開発を続けてきた結果であることから、先進国が主たる責任を負う、つまり先進国と途上国の責任には差異があるべきであるという原則。

14 海の豊かさを守ろう

海の豊かさを守ろう

持続可能な開発[p71]のために海洋・海洋資源[p69]を保全し、持続可能な形で利用する

14・1
2025年までに、海洋ごみ[p55]や富栄養化[p92]を含む、特に陸上活動による汚染など、あらゆる種類の海洋汚染[p55]を防止し、大幅に削減する。

14・2
2020年までに、海洋及び沿岸の生態系[p79]に関する重大な悪影響を回避するため、強靭性（レジリエンス）[p58]の強化などによる持続的な管理と保護を行い、健全で生産的な海洋を実現するため、海洋及び沿岸の生態系[p79]の回復のための取組を行う。

14・3
あらゆるレベルでの科学的協力の促進などを通じて、海洋酸性化[p55]の影響を最小限化し、対処する。

14・4
水産資源[p69]を、実現可能な最短期間で少なくとも各資源[p69]の生物学的特性によって定められる最大持続生産量[p66]のレベルまで回復させるため、2020年までに、漁獲を効果的に規制し、過剰漁業や違法・無報告・無規制（IUU）漁業[p51]及び破壊的な漁業慣行を終了し、科学的な管理計画を実施する。

14・5
2020年までに、国内法及び国際法に則り、最大限入手可能な科学情報に基づいて、少なくとも沿岸域及び海域の10パーセントを保全[p95]する。

14・6
開発途上国[p54]及び後発開発途上国[p63]に対する適切かつ効果的な、特別かつ異なる待遇[p88]が、世界貿易機関（WT

○）漁業補助金交渉[p81]の不可分の要素であるべきことを認識した上で、２０２０年までに、過剰漁獲能力や過剰漁獲につながる漁業補助金[p95]を禁止し、違法・無報告・無規制（ＩＵＵ）漁業[p51]につながる補助金を撤廃し、同様の新たな補助金の導入を抑制する。

14・7
２０３０年までに、漁業、水産養殖及び観光の持続可能な管理などを通じ、小島嶼開発途上国[p75]及び後発開発途上国[p63]の海洋資源[p55]の持続的な利用による経済的便益を増大させる。

14・a
海洋の健全性の改善と、開発途上国[p54]、特に小島嶼開発途上国[p75]および後発開発途上国[p63]の開発における海洋生物多様性[p80]の寄与向上のために、海洋技術の移転に関するユネスコ政府間海洋学委員会の基準・ガイドライン[p55]を勘案しつつ、科学的知識の増進、研究能力の向上、及び海洋技術の移転を行う。

14・b
小規模・沿岸零細漁業者[p75]に対し、海洋資源[p55]及び市場へのアクセスを提供する。

14・c
「我々の求める未来」[p100]のパラ１５８において想起されるとおり、海洋及び海洋資源[p55]の保全及び持続可能な利用のための法的枠組みを規定する海洋法に関する国際連合条約（ＵＮＣＬＯＳ）[p56]に反映されている国際法を実施することにより、海洋及び海洋資源[p69]の保全及び持続可能な利用を強化する。

15 陸の豊かさも守ろう

陸の豊かさも守ろう

陸域生態系↓p99の保護、回復、持続可能な利用の推進、持続可能な森林の経営↓p77、砂漠化↓p67への対処、ならびに土地の劣化の阻止・回復及び生物多様性↓p80の損失を阻止する

15・1
2020年までに、国際協定の下での義務に則って、森林、湿地、山地及び乾燥地をはじめとする陸域生態系↓p99と内陸淡水生態系↓p89及びそれらのサービスの保全↓p95、回復及び持続可能な利用を確保する。

15・2
2020年までに、あらゆる種類の森林の持続可能な経営の実施を促進し、森林減少を阻止し、劣化した森林を回復し、世界全体で新規植林及び再植林を大幅に増加させる。

15・3
2030年までに、砂漠化に対処し、砂漠化↓p67、干ばつ及び洪水の影響を受けた土地などの劣化した土地と土壌↓p99を回復し、土地劣化に荷担しない世界の達成に尽力する。

15・4
2030年までに持続可能な開発↓p71に不可欠な便益をもたらす山地↓p79生態系の能力を強化するため、生物多様性↓p80を含む山地↓p79生態系の保全を確実に行う。

15・5
自然生息地↓p70の劣化を抑制し、生物多様性↓p80の損失を阻止し、2020年までに絶滅危惧種↓p82を保護し、また絶滅防止するための緊急かつ意味のある対策を講じる。

15・6
国際合意に基づき、遺伝資源↓p51の利用から生ずる利益の公正かつ衡平な配分↓p98を推進するとともに、遺伝資源↓p51への適切なアクセスを推進する。

15・7 保護の対象となっている動植物種の密猟及び違法取引を撲滅するための緊急対策を講じるとともに、違法な野生生物製品↓p97の需要と供給の両面に対処する。

15・8 2020年までに、外来種↓p56の侵入を防止するとともに、これらの種による陸域・海洋生態系↓p79への影響を大幅に減少させるための対策を導入し、さらに優先種↓p97の駆除または根絶を行う。

15・9 2020年までに、生態系↓p79と生物多様性↓p80の価値を、国や地方の計画策定、開発プロセス及び貧困削減のための戦略及び会計に組み込む。

15・a 生物多様性↓p80と生態系↓p79の保全と持続的な利用のために、あらゆる資金源からの資金の動員↓p87及び大幅な増額を行う。

15・b 保全↓p95や再植林を含む持続可能な森林経営を推進するため、あらゆるレベルのあらゆる供給源から、持続可能な森林経営のための資金の調達と開発途上国↓p54への十分なインセンティブ↓p52付与のための相当量の資源↓p69を動員↓p87する。

15・c 持続的な生計機会を追求するために地域コミュニティ↓p84の能力向上を図る等、保護種の密猟及び違法な取引に対処するための努力に対する世界的な支援を強化する。

16 平和と公正をすべての人に

平和と公正をすべての人に

持続可能な開発↓p71**のための平和で包摂的な社会を促進し、すべての人々に司法へのアクセスを提供し、あらゆるレベルにおいて効果的で説明責任のある包摂的な制度を構築する**

16・1
あらゆる場所において、全ての形態の暴力及び暴力に関連する死亡率を大幅に減少させる。

16・2
子供に対する虐待、搾取↓p67、取引↓p89及びあらゆる形態の暴力及び拷問を撲滅する。

16・3
国家及び国際的なレベルでの法の支配↓p94を促進し、全ての人々に司法への平等なアクセスを提供する。

16・4
2030年までに、違法な資金及び武器の取引を大幅に減少させ、奪われた財産の回復及び返還を強化し、あらゆる形態の組織犯罪を根絶する。

16・5
あらゆる形態の汚職↓p53や贈賄↓p83を大幅に減少させる。

16・6
あらゆるレベルにおいて、有効で説明責任のある透明性の高い公共機関を発展させる。

16・7
あらゆるレベルにおいて、対応的、包摂的↓p94、参加型及び代表的な意思決定を確保する。

16・8
グローバル・ガバナンス機関↓p60への開発途上国↓p54の参加を拡大・強化する。

16・9
2030年までに、全ての人々に出生登録を含む法的な身分証明↓p94を提供する。

16・10

国内法規及び国際協定に従い、情報への公共アクセス↓p75を確保し、基本的自由を保障する。

16・a

特に開発途上国↓p54において、暴力の防止とテロリズム・犯罪の撲滅に関するあらゆるレベルでの能力構築のため、国際協力などを通じて関連国家機関を強化する。

16・b

持続可能な開発↓p71のための非差別↓p67的な法規及び政策を推進し、実施する。

2022年ロシアの軍事侵攻により、ウクライナの各地で激しい戦闘のさなかに建物が損壊した。

17 パートナーシップで目標を達成しよう

パートナーシップで目標を達成しよう

持続可能な開発[→p71]のための実施手段を強化し、グローバル・パートナーシップを活性化する

17・1
課税及び徴税能力[→p56]の向上のため、開発途上国[→p54]への国際的な支援なども通じて、国内資源の動員[→p65]を強化する。

17・2
先進国は、開発途上国[→p54]に対するODA[→p80]をGNI[→p65]（国民総所得）比0・7%に、後発開発途上国に対するODA[→p80]（政府開発援助）をGNI[→p65]比0・15〜0・20%にするという目標を達成するとの多くの国によるコミットメント[→p53]を完全に実施する。ODA[→p80]供与国が、少なくともGNI[→p65]比0・20%のODA[→p80]を後発開発途上国[→p63]に供与するという目標の設定を検討することを奨励する。

17・3
複数の財源から、開発途上国[→p54]のための追加的資金源[→p86]を動員[→p87]する。

17・4
必要に応じた負債による資金調達[→p92]、債務救済及び債務再編[→p67]の促進を目的とした協調的な政策により、開発途上国[→p54]の長期的な債務の持続可能性の実現を支援し、重債務貧困国（HIPC）[→p74]の対外債務への対応により債務リスクを軽減する。

17・5
後発開発途上国のための投資促進枠組み[→p63]を導入及び実施する。

17・6
科学技術イノベーション[→p51]（STI）及びこれらへのアクセスに関する南北協力、南南協力及び地域的・国際的な三角協力[→p89]を向上させる。また、国連レベルをはじ

めとする既存のメカニズム間の調整改善や、全世界的な技術促進メカニズムなどを通じて、相互に合意した条件において知識共有を進める。

17・7
開発途上国↓p54に対し、譲許的・特恵的条件などの相互に合意した有利な条件の下で、環境に配慮した技術の開発、移転↓p58（技術の移転）、普及及び拡散を促進する。

17・8
2017年までに、後発開発途上国のための技術バンク↓p63及び科学技術イノベーション↓p51能力構築メカニズムを完全運用させ、情報通信技術（ICT）をはじめとする実現技術の利用を強化する。

17・9
全ての持続可能な開発目標↓p71を実施するための国家計画を支援するべく、南北協力、南南協力及び三角協力などを通じて、開発途上国↓p54における効果的かつ的をしぼった能力構築の実施に対する国際的な支援を強化する。

17・10
ドーハ・ラウンド（DDA↓p88）交渉の結果を含めたWTOの下での普遍的でルールに基づいた、差別↓p67的でない、公平な多角的貿易体制↓p84を促進する。

17・11
開発途上国↓p54による輸出を大幅に増加させ、特に2020年までに世界の輸出に占める後発開発途上国↓p63のシェアを倍増させる。

17・12
後発開発途上国↓p63からの輸入に対する特恵的な原産地規則↓p88が透明で簡略的かつ市場アクセスの円滑化に寄与するものとなるようにすることを含む世界貿易機関（WTO）の決定に矛盾しない形で、すべての後発開発途上国に対し、永続的な無税・無枠の市場アクセス↓p77を適時実施する。

17・13
政策協調↓p78や政策の首尾一貫性などを通じて、世界的なマクロ経済の安定↓p95を促進する。

17・14
持続可能な開発↓p71のための政策の一貫性を強化する。

17・15
貧困撲滅と持続可能な開発↓p71のための政策の確立・実施にあたっては、各国の政策空間↓p78及びリーダーシップを尊重する。

17・16
全ての国々、特に開発途上国↓p54での持続可能な開発↓p71目標の達成を支援すべく、知識、専門的知見、技術及び資金源を動員↓p87、共有するマルチステークホルダー・パートナーシップ↓p96によって補完しつつ、持続可能な開発↓p71のためのグローバル・パートナーシップを強化する。

17・17
さまざまなパートナーシップの経験や資源↓p69戦略を基にした、効果的な公的、官民、市民社会のパートナーシップを奨励・推進する。

17・18
2020年までに、後発開発途上国↓p63及び小島嶼開発途上国↓p75を含む開発途上国↓p54に対する能力構築支援を強化し、所得、性別、年齢、人種、民族、居住資格、障害、地理的位置及びその他各国事情に関連する特性別の質が高く、タイムリーかつ信頼性のある非集計型データの入手可能性を向上させる。

17・19
2030年までに、持続可能な開発の進捗状況を測るGDP以外の尺度↓p71を開発する既存の取組を更に前進させ、開発途上国↓p54における統計に関する能力構築を支援する。

主要援助国のODA実績の推移

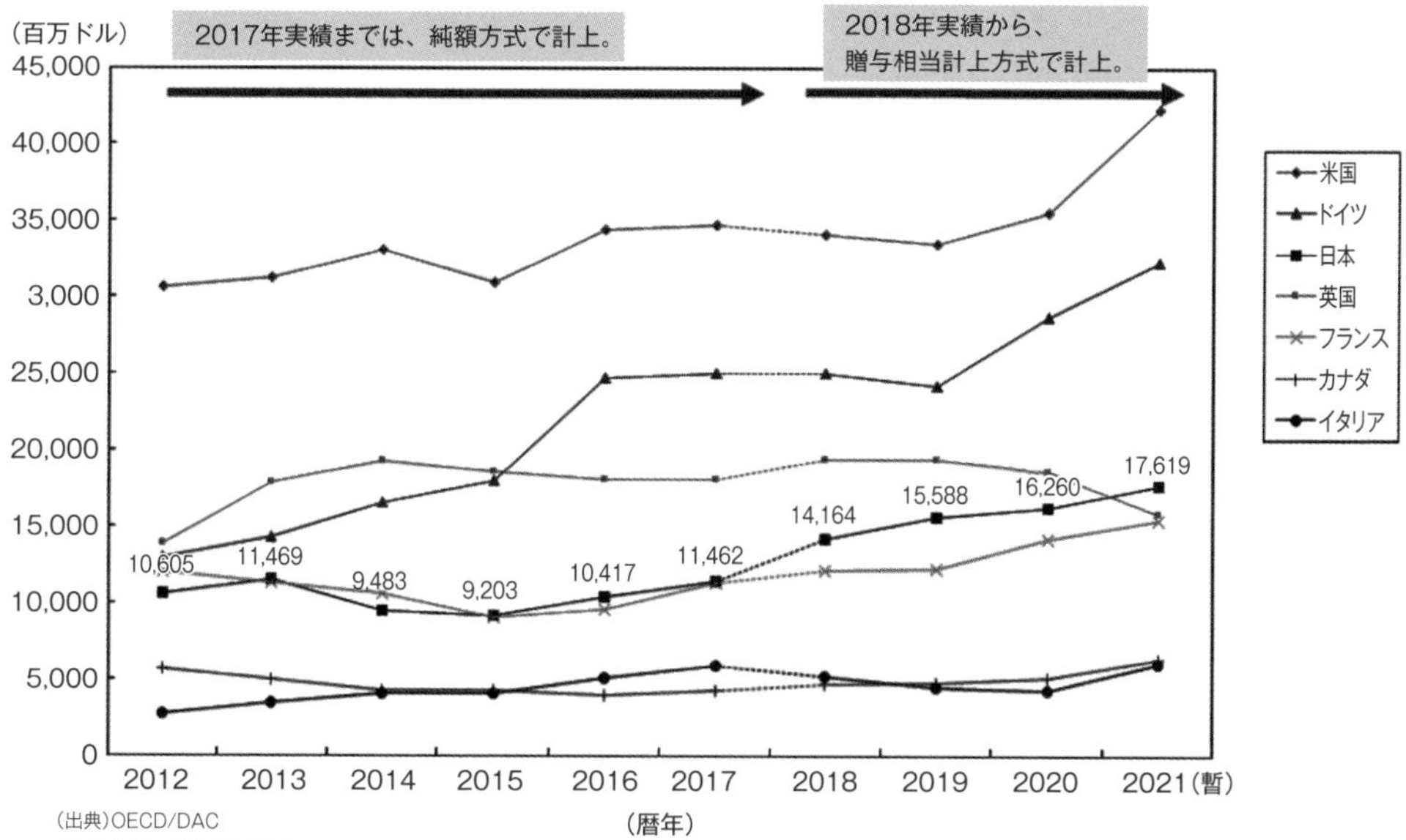

(出典)OECD/DAC
(注1) 卒業国向け実績を除く。

※2017年まで支出純額ベース、2018年から贈与相当額ベース
出典：外務省ホームページ（https://www.mofa.go.jp/mofaj/gaiko/oda/shiryo/jisseki.html）

知っておきたいSDGs関連用語

海外直接投資（→p54参照）

開発途上国への海外（外国）直接投資は、開発途上国が開発資金を得るための財源と位置づけられている（→追加的資金源）。資金そのものに加え、他にもいろいろな利益を開発途上国にもたらす。開発途上国に先進国メーカーの自動車工場ができると、進んだ技術が入ってきて国の技術力が高まり、工場や販売店で多くの雇用を生み出し、労働者の所得が増え、地域が栄える。そして国全体の生産力が上がり、作った製品を輸出すればますます国内総生産（→p65）が増えることにつながる上に、政府の税収も増えるであろう。特に開発の遅れている後発開発途上国では、このように外国企業の力を借りた開発は一段と重要と言える。

©Rawpixel／PIXTA

先進国と開発途上国との協力、開発途上国同士の協力など、「パートナーシップ」の中身はいろいろ。さまざまな人や企業が自発的に知識や技術などを持ち寄って協力することで、成果が生み出されることもある。

SDGs用語解説

ここでは、ＳＤＧｓの１６９個のターゲット本文のなかで、特に覚えておきたい用語を選び、解説しています。[*1] 用語の次に掲載している数字は、その用語が出てくるターゲットの番号です。[*2] あわせて読めば、ターゲットの示す意味がわかり、ＳＤＧｓについてもよりよく理解できます。

＊1（大辞林）とついている用語の解説文は、『大辞林 第三版』（三省堂）より。

＊2ターゲット番号が付いていない用語は、ターゲット本文には出てこないが、用語解説やコラムに登場。SDGsをより深く理解するために必要な用語と考え、掲載している。

あいうえおかきくけこさしすせそたちつてとなにぬねの

あ

アンクタッド、UNCTAD (United Nations Conference on Trade and Development)（大辞林）

国連貿易開発会議。1964年に設立された国連総会の常設機関。先進国と発展途上国との経済格差を是正するため、途上国に対する援助の増大、貿易の拡大などについて討議する。

安全で安価な飲料水（safe and affordable drinking water）（6・1）

安全で安価な飲料水の普遍的かつ平等なアクセスの達成度を測る指標は、「安全に管理された飲料水サービスを利用する人口の割合」とされている（指標6・1・1）。ここでいう飲料水サービスとは、水質の安全性だけでなく、必要な時にいつでも手に入れることができることを含む、水道や井戸などの設備や仕組みのこと。

い

移住労働者（migrant workers）（8・8）

自国を離れて他国で暮らし働いている労働者のこと。世界には約2億4400万人いると言われる。その多くが開発途上国の出身で、より稼ぎの良い職を求め、貧困から逃れ、或いは内乱などの紛争や差別から仕方なく国を離れるなどの事情を抱える人が多い。

移住労働者による送金コスト（the transaction costs of migrant remittances）（10・c）

移住労働者の多くは開発途上国出身で、彼らの多くは移住先で稼いだ資金を、銀行の送金サービスなどを通じて出身国に送っている。それに要する手数料は送金額の7・5～10%と言われている。ターゲット10・cはより多くの資金が開発途上国に流れるよう、この手数料を3%未満に引き下げることを謳っている。

一次エネルギー

自然界から得られたままで変換または加工していないエネルギー。原油、石炭、天然ガスなどの化石燃料の他、太陽光、水力といった再生可能エネルギーなども含む。二次エネルギーは、一次エネルギーから変換または加工して得られたエネルギー。原油や石炭を燃やして、或いは太陽光や水力から得られる電気、原油を精製して作るガソリンなど。

遺伝子銀行（大辞林）
特定の遺伝子をクローンや種子として保持し、必要に応じて供給する施設。ジーン・バンク。

遺伝資源（genetic resources）
（2・5、15・6）（大辞林）
生物種のもつ遺伝情報のこと。遺伝子工学の発展に伴い、多くの遺伝子が有用物質の生産、農作物の改良などに実用価値をもつところから、資源として認識していう語。

遺伝的多様性（genetic diversity）
（2・5）
動植物の一つの「種」（↓p74）の中に多くの異なった遺伝子があること。遺伝的多様性が高い種は、伝染病や害虫などが発生した時に抵抗力を持つものもいて種が生き残る可能性が高くなるが、これが低い種だと絶滅してしまうおそれもある。例えばイリオモテヤマネコは数が少ないため遺伝的多様性が低い。また栽培・飼育化されている農作物や家畜は、生産に好都合な育種ばかりが作られるので、遺伝的多様性は低くなっていると言われる。食物となる動植物の遺伝的多様性が低ければ、食料危機につながり得ることから、ターゲット2・5では、農作物や家畜及び近縁野生種（↓p59）の遺伝的多様性が維持されることを目指している。

イノベーション（innovation）
（8・2、8・3、目標9タイトル、9・5、9・b、17・6、17・8）（大辞林）
①技術革新。新機軸。
②経済学者シュンペーターの用語で、経済成長の原動力となる革新。生産技術の革新、資源の開発、新消費財の導入、特定産業の構造の再組織などをさすきわめて広義な概念。

違法・無報告・無規制（IUU）漁業（illegal, unreported and unregulated fishing）
（14・4、14・6）
各国の国内法や国際的な取り決めによるルールに反して行われる無秩序な漁業活動。「違法漁業」とは、国や漁業管理機関の許可なくまたは国内法や国際法に違反して行う漁業、「無報告漁業」とは法令や規則に反して無報告または誤報告された漁業、「無規制漁業」とは無国籍または関係条約非加盟国などの船舶が、規制または海洋資源保全の国際法に従わずに行う漁業。このような無秩序な乱獲を放置すれば漁業資源が減ってしまい、水産資源の持続可能な利用に対する深刻な脅威であることから、違法漁業防止寄港国措置協定、地域漁業管理機関などの国際的取り決めや特定の漁業海域に隣接する関係国の協力を通じて、国際的な対策が進められている。

インセンティブ（incentives）
（15・b）

他者があることを行うよう動機づける誘因。例えば何らかの目標を達成するといった成果を上げた場合に報奨金などを出すこと。

インフラ（infrastructure）
（2・a、5・4、7・a、7・b、目標9タイトル、9・1、9・4、9・a）

インフラはもともと英語のinfrastructure。「infra（下部）」と「structure（構造、土台）」を組み合わせた言葉で、国の経済や人びとの生活を支えて国民の福祉に役立つ施設や制度のこと。道路、鉄道、港湾、ダム、灌漑施設、インターネットなど、主に経済開発に役立つものの他、学校、病院、公園、上下水道、ガスなど、一人一人の生活にも役立つものもある。さらに、法律や社会の安定した種々の制度を指すこともある。

え

エイズ（AIDS）
（3・3）（大辞林）

〔acquired immunodeficiency syndrome〕HIVの感染によって起こる疾患。性交・輸血・血液製剤の使用などで感染することが多い。免疫機構が破壊され、通常ならば発病しない細菌やウイルスでも発病し、カポジ肉腫など悪性腫瘍を発症する。死亡率が非常に高い。後天性免疫不全症候群。

越境インフラ（transborder infrastructure）
（9・1）

インフラ（→p52）の中でも、国境を越えて複数の国を結ぶ役割を果たすもの。隣接諸国をつなぐ鉄道や道路、空港や港湾施設などがその典型。また外国との間で出入国や税関手続きをスムーズにする法制なども越境インフラと呼ばれることがある。

エネルギー効率（energy efficiency）
（7・3、7・a）

SDGsでは国の一次エネルギー（→p50）供給量をGDPで割った数値（エネルギー強度（energy intensity）と呼ばれる数値）を以てエネルギー効率を測ることとされている。（指標7・3・1）つまり、GDP当たりのエネルギー消費量である。この数値が少なければエネルギー効率が良いこととなる。

エネルギーミックス（energy mix）（7・2）

火力、水力、原子力など多種多様な発電の手段の組み合わせにより電源の構成を最適化すること。エネルギーの安定供給、環境保全、コストなど、種々の視点から各国の置かれた事情に応じて採用されている。

日本では（2018年時点）、天然ガス38・3%、石炭31・6%、石油等7%、水力7・7%、水力以外の再生可能エネルギー9・2%、原子力6・2%となっている。

エンパワーメント（能力強化、empowerment）（目標5タイトル、5・b、5・c、10・2）（大辞林）

①力をつけること。また、女性や社会的弱者などが力をつけ、連帯して行動することによって自分たちの置かれた不利な状況を変えていこうとする考え方。

②権限の委譲。企業において従業員の能力を伸ばすためや、開発援助において被援助国の自立を促進するために行われる。

お

ODAに係るコミットメント（official development assistance commitments）（17・2）

ターゲット17・2にいうコミットメント（約束）は、1970年の国連総会で「経済発展した国がそのGNP（↓p65）の0・7%をODA（↓p80）に充てるべく努力する」ことが決議されたことに始まり、それ以降、開発に関する国際会議の場やそれらの成果文書で確認されてきているもの。

国連の報告では、世界全体のODAは2020年には前年より7%増えて1610億ドル（約177兆円）に達したが、ODAの対GNI（↓p65）比では0・32%と、目標の0・7%にはまだ達していない。

オーナーシップ（ownership）（5・a）（大辞林）

所有。所有者の資格。所有権。

汚職（corruption）（16・5）（大辞林）

公務員が職権や職務上の地位を利用して、個人的利益を図るなどの不正な行為をすること。

温室効果ガス（greenhouse gas）
赤外線を吸収する能力をもつ気体のこと。太陽光によって地表を温めた熱は、赤外線として地表から放射されるが、温室効果ガスはこの地表面からの熱（赤外線）を吸収した後に、一部を地表面へ再度放射する。地球は太陽光とともにこうした放射によって温められるため、地表面はより高い温度となり、温室効果がもたらされることから、これらの気体は温室効果ガスと呼ばれる。温室効果のために現在の世界の平均気温は約14℃前後である（温室効果が無いと地表の温度はマイナス19℃になると言われている）。近年、人間の活動により温室効果ガスの放出が増加し、地球温暖化をもたらしている。人間の活動によって増加している主な温室効果ガスには、二酸化炭素、メタン、一酸化二窒素、フロンガスがあるが、そのうち地球温暖化に及ぼす影響が最も大きな温室効果ガスは二酸化炭素。海洋や土壌から自然に排出される他、石炭や石油の消費などにより発生する。

か

海外直接投資（foreign direct investment）
（10・b）（大辞林「対外直接投資」）
海外に支店や工場などを設置したり、現地企業の買収や経営参加を目的とした株式購入などを行ったりすること。

開発援助委員会（ＤＡＣ）（大辞林）
ＯＥＣＤ（経済協力開発機構）の内部委員会の一。途上国に対し先進国が行う援助実績の調査や勧告・調整などを通じて経済協力を推進する。１９６１年ＤＡＧ（開発援助グループ）を改組。

開発協力（development cooperation）
（1・a）
開発途上国の開発を主な目的とする、政府及び政府関係機関による国際協力活動のこと。そのための公的資金を政府開発援助（ＯＤＡ→p80）と呼ぶ。

開発途上国（developing countries）
（1・aなど随所）（大辞林「発展途上国」）
経済的先進国に対して、国民一人当たりの実質所得が低く、産業構造が一次産品に依存し、経済的発展の途上にある国々。

海洋汚染（marine pollution）
（14・1）（大辞林）
船舶や海底油田からの油流出、海洋投棄などによって引き起こされる海洋の汚染。

海洋技術の移転に関するユネスコ政府間海洋学委員会の基準・ガイドライン（the Intergovernmental Oceanographic Commission Criteria Guidelines on the Transfer of Marine Technology）
（14・a）
ユネスコ政府間海洋学委員会（IOC）は１９６０年に作られたユネスコ（→p98）の機関で、海洋研究にかかわる知識・情報・技術の共有や能力開発などを通じて海洋の管理に貢献することを目的とする。パリに事務局を置き、現在１４７ケ国が参加している。
海洋法に関する国際連合条約（→p56）で海洋技術の移転に関する指針・基準作りが求められていることを踏まえて、２００５年にIOCが作成したのが、この基準・ガイドライン。
ここには、海洋技術移転は、公平に、開発途上国のニーズを十分考慮して行われるべきであるなどの基準に基づき、IOCが情報センターの役割を果たしつつ、海洋技術に関する情報提供やセミナー開催、資金協力・技術協力の仲介を行うことなどが定められている。

海洋ごみ（marine debris）
（14・1）
人間の活動により生じた物質が海に流れ込み、ごみとなったもの。海洋堆積物とも呼ばれる。意図的に海に直接投棄されるものもあるが、川に捨てられたものが海に流れ込むこともある。ペットボトルなどの海洋プラスチックごみ、漁網など。

海洋酸性化（ocean acidification）
（14・3）（大辞林「海の酸性化」）
海水の水素イオン指数（pH）が小さくなること。大気中の二酸化炭素濃度が増加したために起きると指摘されている。これが進行するとプランクトンの殻や珊瑚の骨格などの形成が困難になり、生態系に影響を与えるおそれがある。

海洋資源（marine resources）
（14・7、14・b、14・c）
海洋にあって、人間が利用できる資源のこと。海底や海底地盤の中にある鉱物、海水に溶けている塩やマグネシウムなどの物質、魚介類などの海洋生物、海流や海水の温度差によって生まれるエネルギーなど。

海洋法に関する国際連合条約（the United Nations Convention on the Law of the Sea，UNCLOS）（14・c）

1982年、第三次国連海洋法会議で採択された、海洋に関する包括的な国際条約。167ケ国及びEUが締結している（2020年7月現在）。領海、国際海峡、排他的経済水域、大陸棚、深海底開発、国際協力、紛争の平和的解決などについて規定する。同条約に基づいて、国際海洋法裁判所、大陸棚限界委員会、国際海底機構が設立された。

外来種（invasive alien species）（15・8）（大辞林）

原産地より意図的あるいは偶然に運ばれて、新たな場所に定着した生物種。セイヨウタンポポ・アメリカシロヒトリなど。

顧みられない熱帯病（neglected tropical diseases）（3・3）

熱帯地域の中でも、特に衛生状態の良くない生活環境で暮らす貧しい人びとの間で多くみられる病気。寄生虫や細菌などによる感染症。流行する地域の多くが、医療施設の乏しい国や地域にあり、国際的な支援も少ないために十分な治療を受けられないことが多く、そのため「顧みられない」熱帯病と呼ばれている。デング熱や狂犬病など20種類が指定されており、現在世界で約10億人以上が苦しんでいると言われる。

課税及び徴税能力（capacity for tax and other revenue collection）（17・1）

各国政府が開発を進めるための政策を行うには、まず自国内で資金を集める必要がある。政府収入の中で最も割合が高く、安定し重要なのは国内の法人や個人に課される税金であり、国によっては義務的に納められる社会保険料である。ターゲット17・1では、個人や会社の収入などを正確に調べ、不正のないよう課税し、徴収する能力を高めることとされ、そのために、税金に関する制度の紹介や公務員の研修など、国際的な支援（international support to developing countries）を行うことも謳われている。

化石燃料（fossil-fuel）（7・a、12・c）（大辞林）

動植物などの遺骸が地質時代を通じて堆積物となり、地圧・地熱などにより変成してできた有機物。

石炭・石油・天然ガスなど。化石エネルギー。

各国定義によるあらゆる次元の貧困状態 (poverty in all its dimensions according to national definitions)

（1・2）

国や国際機関により貧困の定義は異なるが、大別すれば「絶対的な生活水準で測る考え方」と「相対的に貧困を定義する考え方」の2通りがある。前者は、ある国や地域において食料、健康などの面で人間らしい生活をするため最低条件の基準を設定し、これが満たされていない状態を貧困とする考え方である。後者は、ある国や地域の中で多くの人と比して貧しい生活水準にある状態を貧困（相対的貧困）とする考え方である。

世界銀行（→p80）が公表している「国際貧困ライン」（SDGsで使われている「極度の貧困」（→p59））は前者の考え方に基づく貧困の定義の一例である。一方、日本では後者の考え方である「相対的貧困」（→p83）が主に使われている。

緩和 (mitigation)

（11・b、13・3、13・a）

気候関連災害や自然災害を事前に防いだりその悪影響を和らげたりする（緩和する）ための対策をとること。

「気候変動に関する政府間パネル」（→p58）は、二酸化炭素などの温室効果ガス（→p54）の排出が増えたために地球の気温が産業革命後に既に1・09℃上昇しており、今後排出を大幅に減らさない限り21世紀中にこれが3・3℃～5・7℃高くなってしまう、そのため世界中で豪雨や干ばつ、猛暑、海面上昇などが進んで多くの災害（気候関連災害）が発生するとしている。

気候関連災害に対する主な緩和策は、温室効果ガスの排出を世界全体で減らすことと、植林などによって温室効果ガスの吸収量を増やすこと。2015年12月（SDGsが採択された国連総会の3ケ月後）にパリで開かれた気候変動枠組条約の締約国会議では「パリ協定」（→p91）が合意され、すべての協定参加国が温室効果ガスの排出を減らして、世界的な平均気温の上昇を、産業革命以前に比べて+2・0℃より低く保つとともに、+1・5℃に抑える努力をすることが目標とされた。

き

気候変動に関連する極端な気象現象（climate-related extreme events）（1・5）
気候変動、特に地球温暖化の影響によって起こされると言われている現象。具体的には、極端な寒暖、干ばつ、大雨、熱波、台風など。

気候変動に関する政府間パネル（Intergovernmental Panel on Climate Change、IPCC）
1988年、国連環境計画（UNEP）と世界気象機関（WMO）によって設立された、気候変動を評価する主要な機関。195ケ国・地域が参加。世界中の科学者の協力の下、出版された文献に基づいて定期的に報告書を作成し、公表している。

技術教育（technical education）（4・3）（大辞林）
生産活動に必要な知識・技術を取得するための教育。学校・職業訓練所・企業などで行われる。

技術の移転（transfer of technologies）（14・a、17・7）（大辞林「技術移転」）
技術力の高い国・企業・産業分野から技術力の低い方へ技術が移されること。例えば、先進国から発展途上国への技術援助や、宇宙開発技術の民生分野への応用など。

基礎的サービス（basic services）（1・4）
人間として生活する上で最も必要とするものを提供する公共部門によるサービスのこと。SDGsの文脈では、次の9分野の基礎的なサービスにアクセスできることが掲げられている（グローバル指標1・4・1）。
①基礎的な飲料水
②下水道や浄化槽などの公衆衛生
③石鹸や水のある手洗い場などの衛生設備
④クリーンな燃料と技術（未精錬の石炭や灯油のように健康に悪影響を与えることのない燃料）
⑤交通手段
⑥ごみ回収
⑦保健
⑧生産活動に従事し生計を立てていくのに必要な教育
⑨ブロードバンドのインターネット
これら基礎的サービスの諸項目は、SDGsの随所（目標3、4、5、6、7、9、11）でターゲットに含まれている。

強靱性（レジリエンス、resilience）（1・5、2・4、目標9タイトル、

9・1、9・a、目標11タイトル、11・b、11・c、13・1、14・2)

SDGsでは名詞の「強靱性」(resilience)と形容詞の「強靱な」(resilient)の形で随所に使われている。建造物や社会の仕組みなどが、事故や災害などの困難を跳ね返すくらい頑丈であること、また仮に壊れてしまっても迅速に復元・回復できることを示す。

強制労働(forced labour)
(8・7)(大辞林)

労働者の意思を無視し、強制してさせる労働。

極度の貧困(extreme poverty)
(1・1)

貧困の定義は国や機関により多岐にわたるが、SDGsターゲット1・1でいう「極度の貧困」とは、世界銀行(→p80)が定める「国際貧困ライン」(international poverty line)以下で暮らす状態を指す。国際貧困ラインは、2030アジェンダが国連総会で採択された2015年9月時点では1日1・25ドルだったが、同年10月には1日1・90ドルに引き上げられた。これに伴い、SDGsの文脈でも撲滅を目指すべき極度の貧困ラインは1日1・9ドルとなった。

2030アジェンダは、冒頭の前文で「我々は、極端な貧困を含む、あらゆる形態と側面の貧困を撲滅することが最大の地球規模の課題であり、持続可能な開発のための不可欠な必要条件であると認識する」として、貧困撲滅を最重要の課題と位置づけている。

このラインを下回る人口は、2015年時点の7億4100万人(世界人口に占める割合は10%)から2019年には6億4500万人(8・4%)に減少したものの、新型コロナウイルス渦などの影響で、2020年には7億3300万人(9・5%)まで再び増加した。

近縁野生種(related wild species)
(2・5)

農作物や家畜と近い関係にあるもので(同じ「種」であるなど)、野生の生物種のこと。例えばイネには20種以上の野生種がある。

金融サービス(financial services)
(1・4、2・3、5・a、8・3、8・10、9・3)(大辞林「金融」)

金銭の融通。資金の賃借。また、資金の需要と供給との関係。

く

クリーンエネルギー(clean energy)
（7・a）
一般には、CO_2などの温暖化ガスやNO_xなどの環境汚染物質を排出しない、または排出量の少ないエネルギー源のこと。
しかし、現在のところ国際的に合意されたクリーンエネルギーの定義は存在しない。そのため、再生可能エネルギー（→p66）がクリーンエネルギーに含まれることには異論が見られないが、原子力（CO_2は排出しないが放射性廃棄物が残る）や水素（製造法により、製造過程でCO_2を排出する可能性がある）などもクリーンエネルギーに含めるか否かについては、クリーンエネルギーをどう定義するかの立場により意見が異なる。2021年に立ち上げられた日米クリーンエネルギー・パートナーシップでは、再生可能エネルギーに加えて原子力や水素も推進すべき協力分野に含まれている。

グリーン経済（大辞林）
環境と調和した経済。

グローバル・ガバナンス機関(the institutions of global governance)
（16・8）
「グローバル・ガバナンス」は、一国だけでは解決できない、世界全体にかかわる課題に対応するための、多くの国が参加する国際的な取り組み。この取り組みを行っているのが「グローバル・ガバナンス機関」で、国連、国際通貨基金、世界銀行、世界貿易機関、アジア開発銀行、アフリカ開発銀行などがこれに当たる。
ターゲット16・8の指標16・8・1（ターゲット10・6の指標10・6・1と同じ）は、「国際機関における開発途上国のメンバー数及び投票権の割合」とされている。これは、世界全体にかかわる課題に対応するためには、一部の国だけでなく、より多くの国、特に国際社会で多数を占める開発途上国の声がより反映されることによって、こういった課題の解決が進む、という考え方に基づいている。ターゲット10・6と同様、1国1票制でない機関では開発途上国の声をより反映するための議論が行われているが、例えば国際通貨基金では、開発途上国などの議決権を拡大する改革が徐々に行われてきている。

グローバル・シチズンシップ(global

citizenship、地球市民）（4・7）

皆が地球社会の一員としての意識を持ち、同時に、一市民として社会に参画しようとする意識を持つこと。2012年には、国連が地球市民教育と称し、学生達が、世界をより平和で安全で持続可能なものにするために、現実に生じている問題をどう解決するかを自分達で考えるようにする取り組みを開始した。

SDGsにおいては、目標4（質の高い教育をみんなに）、12（つくる責任、つかう責任）、13（気候変動に具体的な対策を）の達成度を測る指標の一つとして、地球市民教育が掲げられている（指標4・7・1、12・8・1、13・3・1）。

け

経済成長（economic growth）（目標8タイトル、8・4）（大辞林）

時の経過とともに経済の規模が拡大すること。

結核（tuberculosis）（3・3）（大辞林）

結核菌に感染して起こる慢性疾患。初感染では肺内に原発巣と肺門リンパ節腫脹ができ（一次結核症）、通常はこの状態から自然治癒するが、さらに進行すると全身の各臓器に広がって長い経過をとる（二次結核症）。結核症。

研究開発（research and development）（3・b、9・5）（大辞林）

基礎的研究とその応用化研究の成果をもとに、製品化まで進める開発業務。R&D。

国連は、2010年に1・4兆ドルだった世界の研究開発費が2017年には2・2兆ドルに増加しているが、まだまだ増加させることが必要としている。

健康危険因子（health risks）（3・d）

人の健康に悪影響を与え得るさまざまな要因。人の行動に起因するものとしては喫煙・アルコールの過剰摂取・運動不足など、生理学的なものでは肥満や高血圧など、環境によるものでは大気汚染などがある。

健康的な生活（healthy lives）（目標3タイトル）

世界保健機関（→p81）憲章は、「健康とは、病気ではないとか、弱っていないということではなく、肉体的にも、精神的にも、そして社会的にも、すべてが満たされた状態にあることをいう」と定義している。目標3の「健康的な生活」も同様に、肉体のみならず精神的にも社会的にも満たされた生活のこと。

こ

合意された国際的な枠組み(agreed international frameworks)

（12・4）

経済活動の結果として排出される有害な化学物質や廃棄物（ごみ）を減らし、適切に管理するターゲット12・4の達成度をはかる指標には、次の5つの国際的な約束に参加し義務を果たす国がどれだけ増えているか、そして各国の有害廃棄物の1人当たり発生量と処理された廃棄物の割合が掲げられている。

5つの国際的な約束とは、①有害廃棄物の移動及びその処分の規制に関するバーゼル条約（バーゼル条約）、②国際貿易の対象となる特定の有害な化学物質及び駆除剤についての事前のかつ情報に基づく同意の手続に関するロッテルダム条約（ロッテルダム条約）、③持続的有機汚染物質に関するストックホルム条約（ストックホルム条約）、④オゾン層を破壊する物質に関するモントリオール議定書（モントリオール議定書）、⑤水銀に関する水俣条約（水俣条約）のこと。

公共調達(public procurement)

（12・7）

国や自治体などの公共機関が、公共の目的のために機械や設備を買ったり、道路や橋、堤防の建設を発注したりするなど、民間部門からのサービスを調達すること。

公共調達は、先進国では国内総生産（→p65）の12％から15％、開発途上国では30％に上るとも言われている。

ターゲット12・7では、公共調達の際に、資源を浪費したり環境に悪影響を与えたりするような調達をせず、持続可能な調達を行うよう求めている。

日本ではＳＤＧｓを進めるために作られた「持続可能な開発目標実施指針」の中で、国や関係機関が環境に優しいものやサービスを優先的に買い入れることが定められている。また、２０００年には、グリーン購入法が制定され、国や自治体などがものやサービスを購入する時には、環境に優しい製品やサービスを優先して購入することされている。

高等教育（tertiary）（4・3、4・b）（大辞林）

高度の知識を授けるとともに、専門的職業に必要な知識・技術を授ける教育の総称。日本の高等教育機関には、専門学校・高等専門学校・短大、大学・大学院がある。

後発開発途上国（least developed countries）（1・aはじめ随所）

開発途上国の中でも、特に開発の遅れた国。一人当たりGNI（↓p65）（3年間平均）が1018米ドル以下であるなどの条件に当てはまり、国連総会で認定される仕組み。2021年8月時点で、世界に46ケ国ある。SDGsの各所で、これら諸国の開発のために他の開発途上国以上の配慮を行うこととされている。

後発開発途上国のための技術バンク（the technology bank）（17・8）

2015年にエチオピアで開催された国際会議（第三回開発資金国際会議）において採択されたアディスアベバ行動目標により、開発途上国の科学技術イノベーション能力を構築するメカニズムとして立ち上げることが合意された。これを受けてSDGsに明記された国際機関。2018年にトルコのゲブゼ市に設置された。ここでは、後発開発途上国が、既に存在する科学・技術・イノベーションに関する情報の中から自らの開発にふさわしいものを見つけ出し、共有し、使ってもらえるよう、政府、アカデミー、市民社会、民間セクターのパートナーシップが協働して、後発開発途上国を支援している。

後発開発途上国のための投資促進枠組み（investment promotion regimes for least developed countries）（17・5）

海外から後発開発途上国向けの直接投資を促すために、主に投資国側において採られる施策。典型的なのは投資国側の政府や政府関係機関による海外投資保険、投資家への融資、税制上の優遇措置、情報や助言の提供など。これらに加え、投資国側と投資を受け入れる側が共同で行う投資促進枠組みの一つとして、投資財産の保護、公正で平等な待遇などについて協定（投資協定）を結んで保障することも、ターゲット17・5の投資促進枠組みの一環とされる。この協定により、投資国側の投資家・企業が安心して開発途上国に投資をする環境を整うことになる。

またＯＥＣＤ（加盟国の多くは投資国）は、開発途上国が外国企業の投資環境を良くする政策を行うためのガイドライン（政策が一貫していること、公平であることなど）を作っており、多くの開発途上国がこれを参考にしているが、この取り組みもターゲット17・6に役立つものである。

後発開発途上国への貿易関連技術支援のための拡大統合フレームワーク、ＥＩＦ（the Enhanced Integrated Framework for Trade-related Technical Assistance to Least Developed Countries）

（8・a）

世界貿易機関（→p81）の下、1997年に始まり、その後メンバーが拡大してできた多国間枠組みで、後発開発途上国が貿易を成長と開発と貧困削減のために活用できるように支援し、「貿易のための援助」（→p93）の実施に取り組んでいる。54ケ国、24ドナー、8国際機関がメンバーに名を連ね、各国の政府、開発機関、市民社会や学会とともに、貿易に関するノウハウ、アウトリーチ活動などを行っている。

高付加価値セクター（high-value added sector）

（8・2）

少ない生産要素（生産資源→p79）で高い付加価値を生み出す産業のこと。付加価値とは、経済活動によって新たに生み出される価値のことで、価格で表される。

国際人口・開発会議（ＩＣＰＤ）の行動計画（the Programme of Action of the International Conference on Population and Development）

（5・6）

1994年、エジプトのカイロで国際人口・開発会議が開催され、人口問題を経済、社会、政治、環境、女性の健康などの観点から議論した成果として行動計画が採択された。性と生殖に関する健康及び権利についてこの行動計画では、遅くとも2015年までに行き渡るよう努力をすることがすべての国に求められている。

国際的に合意されたターゲット（internationally agreed targets）

（2・2）

発育阻害（→p91）と消耗性疾患（→p75）に関して、世界保健機関（WHO→p81）の「子ども成長基準」

で定められている、５歳未満の子どもの年齢に対する身長と身長に対する体重の平均値。

国際連合食糧農業機関、ＦＡＯ (Food and Agriculture Organization of the United Nations)（大辞林）

国際連合の専門機関の一。世界各国民の生活水準の向上、食糧及び農産物の生産・供給の改善に寄与する目的で１９４５年設置。本部はローマ。日本は１９５１（昭和26）年加盟。ＦＡＯ（ファオ）。

国際労働機関、ＩＬＯ (International Labour Organization)（大辞林）

(18・b)

国際連合の専門機関の一つ。１９１９年ベルサイユ条約に基づいて創設され、46年国際連合の専門機関となる。政府・労使の代表によって構成され、国際的規模での労働条件の改善を目指し、完全雇用、生活水準の向上、最低賃金の保障、団結権擁護などを活動の基本とする。

国内資源の動員 (domestic resource mobilization)

(17・1)

政府が国内で得る収入には税金や社会保険料の他、公債、国営企業の利益など国内で集められる資金がある。ここで「資源」とは「資金」を指す。ターゲット17・1では、国内で税金など以外のこういった政府収入源からの資金を集める能力をも強化すべきことを謳っている。

国内総生産、ＧＤＰ (Gross Domestic Product)

一定期間に国内で生産された財・サービスの価値の合計で、国内の経済活動の水準を表す指標となる。国民総生産から海外で得た純所得を差し引いたもの。

国民総所得、ＧＮＩ (Gross National Income)

(17・2)

ある国に住む者（人や企業）が１年間にどれだけの所得を得たかを表す額。国内総生産（ＧＤＰ ↓p65）に海外からの所得（外国にある企業から受け取る配当金など）を加え、海外に出て行った所得（日本企業が外国に住む株主に払う配当金など）を差し引いた額。

国民総生産、ＧＮＰ (Gross National Product)

一定期間に国民によって生産された財・サービスの価値の合計。かつては各国の経済規模を比較するために使われた代表的な指標であったが、最近では主に国内総生産（ＧＤＰ ↓p65）が使われるようになった。

国連気候変動枠組条約、UNFCCC（United Nations Framework Convention on Climate Change）
（13・a）（大辞林「気候変動枠組み条約」）
正称、気候変動に関する国際連合枠組み条約。1992年採択。1994年発効。温暖化の防止がすべての国に共通する責務であるとした上で、先進国の温室効果ガスの排出抑制の努力義務を規定している。地球温暖化防止条約。

さ

災害リスク管理（disaster risk management）
（11・b）
台風や地震などの災害によって、どのようなリスク（損害の発生するおそれ）があり得るかを洗い出し、その原因を分析し、それに対する防止策を作って実行すること。具体的には、災害リスクの評価・分析、対応策の作成や体制整備、対策マニュアルの整備や訓練など。

再生可能エネルギー（renewable energy）
（7・2、7・a）
化石燃料と異なり、枯渇することなく持続的に活用できるエネルギーのこと。太陽光、風力、水力、地熱、バイオマス（→p90）など。枯渇しないことに加え、温暖化ガスを発生させないという特徴もある。似た用語に「自然エネルギー」があるが、これは再生可能エネルギーのうち、自然現象から得られるエネルギー（太陽光や風力など）をさす。

再生利用（recycling）と再利用（reuse）
（6・3）
再生利用とは、一度使用したものを再度加工し直して再度利用すること。例えば飲料水用の缶を、使用後に溶かしてから改めて缶を製造し再度利用するのが再生利用。再利用とは一度使用したものを加工せずそのまま再度利用すること。飲料水用の瓶を、使用後に洗浄しただけで再度使用するのが再利用。

最大持続生産量（maximum sustainable yield）
（14・4）
生物資源（ターゲット14・4では水産資源）の漁獲量が自然増を超えず、資源の総量が減少することなく（つまり水産資源が持続可能となるように）漁獲することのできる最大の量。

債務救済及び債務再編（debt relief and debt restructuring）（17・4）

政府が外国から直接借りたり、政府が保証したりした債務が契約通りに返せなくなって発生するのが対外債務問題である。貸した側にも損害が出るし、返せなかった国も国際的な信用が落ちてその後の資金繰りが難しくなり、貧困対策、保健、教育など開発を進める上で支障が出てしまう。さらに、似たような状況にある他の開発途上国へも同じ懸念が生じて問題が伝染し、世界の経済が大きく影響を受ける事態が過去に何回も起こってきた。

１９８０年代に中南米を中心として大きな対外債務問題が発生して以降、さまざまな対応が取られてきた。債務国の経済運営を改善する代わりに債務返済の予定を延ばす、減額或いは免除する、一時的な資金を貸し出すなどの手法である。これらのうち、「債務救済」は、広義では債務の返済負担を軽くするいろいろな手法を総称することもあるが、現在では債務そのものを削減したり免除したりする意味で使われることが多い。「債務再編」は債務の返済期限を猶予したり（債務繰延）、利子を軽減したりすることなど。新型コロナウイルスが発生してからは、コロナ禍で大きな被害を受けている73の最貧国に対して、債務支払を猶予する計画が実施されている。

搾取（5・2、16・2）（大辞林）

階級社会において、生産手段の所有者が生産手段をもたない直接生産者から、その労働の成果を無償で取得すること。資本主義社会では、資本家が労働者から剰余価値を取得する形で表れる。マルクス経済学の基本概念の一。

砂漠化（desertification）（目標15タイトル、15・3）（大辞林）

砂漠周辺などで、過放牧、森林伐採、草原の農地化、塩類化などにより、乾燥地域が砂漠になること。

サプライチェーン（supply chains）（12・3）（大辞林）

製造業において、原材料調達・生産管理・物流・販売までを一つの連続したシステムとして捉えたときの名称。

差別（5・1、10・3、16・b、17・10）（大辞林）

偏見や先入観などをもとに、特定の人々に対して不利益・不平等な扱いをすること。また、その扱い。

さまざまな供給源からの相当量の資源の動員（significant mobilization of resources from variety of sources）

（1・a）

資源（resources →p69）は天然資源、人的資源などさまざまな意味を持つが、ターゲット1・aにおいては、主に経済資源つまり経済活動に使用されるものの中でも特に資金のことをさす。

さまざまな供給源の代表的なものは、政府開発援助（ＯＤＡ）、ＯＤＡ以外の公的な資金的支援、民間資金、そして非営利団体（ＮＧＯ）などによる贈与。

産業（industry）と産業化（industrialization）

（9・2、9・5、9・b）

「産業」は、通常は、ものやサービスを生産する仕事のこと。産業の種類は大きく3つに分類される。第一次産業は農林・水産業。第二次産業は製造業や鉱業。第三次産業は金融・保険、運輸、観光、通信、商業など、いわば目に見えないサービスに携わる業種。

ＳＤＧｓターゲット9・2で「産業化」（industrialization）というのは、特に農業などの第一次産業に依存する後発開発途上国において、より生産額の大きな第二次産業、特に製造業が大きな比重を占める経済構造に変えていくという意味で使われている。

産業の多様化（industrial diversification）

（9・b）

多くの開発途上国では、第一次産業の比率が高く、極端な場合にはコーヒー、カカオ、砂糖、紅茶などごく少数の産品の生産と輸出に頼っている。国連貿易開発会議（ＵＮＣＴＡＤ）によれば、農産物など一次産品の輸出に経済依存している、つまり輸出に占める一次産品の割合が60％を超える国が１０２ケ国ある。このような産業構造の国は天候や自然災害、農産物の価格変動の影響を大きく受けやすいという問題を抱えており、そのためいろいろな産業を発展させていくのが「産業の多様化」である。そうすることで、ある産品の生産や輸出が落ち込んでも国全体の経済は大きな影響を受けることなく、開発途上国の経済を強靭にすることができる。

（産業と産業化→p68）

し

ジェンダー（gender）
（1・b、4・5、4・a、目標5タイトル、5・c）（大辞林）
生物上の雌雄を示すセックスに対し、歴史的・文化的・社会的に形成される男女の差異。また、その差異に対する知識。

資金の流入（financial flows）
（10・b）
海外、特に先進国から開発途上国に対する開発資金には、政府開発援助（ODA →p80）、その他の公的資金（公的機関による輸出信用、直接投資資金融など）、民間資金（海外直接投資や銀行による貸付、NGOによる贈与など）の3種類がある。2019年の先進国（DAC諸国 →p54）から途上国への開発資金は総額で約4069億ドル、うちODAは約1465億ドル、民間資金が2689億ドルと、民間資金が圧倒的に多い。ターゲット10・bは、これらすべての開発資金の拡大を謳っている。
なお、開発途上国の開発を直接の目的とするものではないが、海外、特に移住労働者から開発途上国への送金額は、これら開発資金よりも多く、2019年には約5540億ドルに上った。

資源（resources）
（15・bなど随所）
何らかの目的に役立つ／価値あるものや人などのこと。資金（financial resources）、人（human resources）、材料、特に天然資源（natural resources）、手段、知識など多岐にわたる。SDGsターゲットの多くの箇所に現れる用語。
以下は、SDGsで使われる「資源」（resource（s））のさまざまな意味。
「資源」（1・a）経済的資源の中でも特に資金。
「天然資源」（1・4、5・a、12・2）「資源」利用効率9・4は天然資源に加え「生産資源」の意味も。
「生産資源（→p79）」（2・3）「資源」効率8・4と11・bもほぼ同義。
「遺伝資源（→p51）」（2・5、15・6）
「（相当量の）資源」（1・a、15・b、17・1）資金に加え人的資源や知識、技術、手段など。
「経済的資源」5・a
「水資源」6・5
「海洋資源（→p55）」（14タイトル、14・7、14・b、14・c）
「水産資源」（14・4）14・4の「資源」も同義。

資源効率（resource efficiency）
（8・4、11・a）

ある経済活動に必要とされる資源の量が少なければ資源効率が良いという。SDGsでは、資源効率改善の達成度を測る指標として次の2つを掲げている。

①「マテリアルフットプリント」（MF）、一人当たりMF及びGDP当たりのMF

（指標8・4・1、指標12・2・1）

マテリアルフットプリントとは、経済活動のためにどれほどの材料（material）が使われたか（が足跡（フットプリント）のようにのこされる）を表す指標。

②「天然資源等消費量」（DMC）、一人当たりのDMC及びGDP当たりのDMC

（指標8・4・2、指標12・2・2）

同様に、経済活動のためにどれほどの天然資源が使われたかを表す指標のこと。

ターゲット9・4ではresource-use efficiency（資源利用効率）が同様の意味で使われており、持続可能性がどれだけ向上したかを測る指標として、「付加価値の単位当たりのCO_2排出量」（指標9・4・1）、つまりGDP1単位を生むのに排出されたCO_2の量が使われている。SDGsがそもそも「持続可能性」と「開発」の双方を目指すものである以上、この指標は或る意味で各国の達成度を測る最も重要な指標と言える。

仕事に関する世界協定（**the Global Jobs Pact**）

（8・b）

2008年のリーマンショック（→p98）に端を発した世界金融危機により、世界中で多くの職が失われた。これに対応するため、翌2009年の国際労働機関（→p65）総会で採択されたのが「仕事に関する世界協定」。ディーセント・ワーク（→p90 働きがいのある人間らしい雇用）を守ることを確認した上で、若者や低賃金労働者などの脆弱層に対する支援を向上する、公共の職業安定業務を強化する、労働者の技能を開発する、国際労働機関が他の国際機関と共に開発途上国への支援を強めるなど、雇用危機に取り組むための11の原則を掲げている。

自然生息地（**natural habitats**）

（15・5）

主に原生の動物・植物により自然生態系が形成されていて、人間の活動の影響がほとんどなく、主な生態系の機能や種の構成が本質的に変わっていない地域。日本では、自然生息地のうち特に保全の必要性が高いものは、生息地保護区として、立ち入りや樹木の伐採が制限されるなどの規制が行われている。

自然と調和したライフスタイルに関する情報と意識（relevant information and awareness for sustainable development and lifestyle in harmony with nature）（12・8）

ＳＤＧｓでは、地球市民教育（グローバル・シチズンシップ→p60）及び持続可能な開発のための教育を通じて、これらの情報と意識が広まることが想定されている。指標12・8・1では、各国の教育政策、カリキュラム、教師の教育、児童・生徒・学生の達成度評価において重視されている度合いが、このターゲットの達成度とされている。（この指標は指標４・７・１及び13・３・１と同一）

持続可能な開発（sustainable development）（4・7など随所）

ブルントラント・ノルウェー首相を委員長とする「環境と開発に関する世界委員会」が１９８７年に公表した報告書「Our Common Future（我ら共有の未来）」の中心的な考え方として取り上げられた考え方で、「将来の世代の欲求を満たしつつ、現在の世代の欲求も満足させるような開発」と定義されている。環境と開発は互いに反するものではなく共存し得るものであり、環境保全を考慮した節度ある開発が重要であるとする。この報告書には、環境問題、開発途上国問題、女性の自立、生態系の保存、エネルギー問題、都市問題、平和など、後にＳＤＧｓに書かれることになる多くの要素が取り上げられている。

持続可能な開発の進捗状況を測るＧＤＰ以外の尺度（measurements of progress on sustainable development that complement gross domestic product）（17・19）

長い間、国の経済規模を表すＧＤＰ（→p65）を増やすことが開発の目標とされてきたが、ＧＤＰだけでは環境破壊や健康被害など持続可能な開発を妨げる問題が表わされず、また人びとの真の幸福度を測るには不十分である。そのため経済規模や所得に加え、環境、安全、健康などの要素も勘案した新たな指標作りの取り組みが行われている。良く知られている国連の「幸福度指数」や「包摂的な富の指標（Inclusive Wealth Index）」、

あいうえおかきくけこさしすせそたちつてとなにぬねの

OECDの「より良い暮らし指標」(Better Life Index) などの他、国連事務局では現在「GDPを超えて (Beyond GDP)」、「環境経済計測枠組みシステム (System of Environmental Economic Accounting Framework)」といった新たな指標が検討されている。日本でも内閣府がGDPから環境への負荷を差し引く「グリーンGDP」という指標を作成している。

持続可能な消費と生産に関する10年計画枠組み (the 10-Year Framework of Programmes on Sustainable Consumption and Production)

(8・4、12・1)

2012年の「国連持続可能な開発会議（リオ＋20）」(→p99) で採択された文書。各国からの拠出金で設立された基金を通じて、低炭素型のライフスタイルを目指し、次の6分野での持続可能性を達成するための枠組み。

①持続可能な消費者情報：商品のラベルや製品の宣伝の際に情報をきちんと記載し、消費者が簡単で実用的かつ持続可能な選択を可能にすることを目指す。

②持続可能なライフスタイル及び教育：人びとが持続可能な開発・自然と調和したライフスタイルに関連する知識を持ち合わせ、意識を浸透させていく。

③持続可能な公共調達：環境に配慮し、雇用創出に役立つなど持続可能な公共調達を促進していく。

④持続可能な建物と建設：建物と建設を持続可能なものにしていくことで、廃棄物を抑え、気候変動や資源不足などに取り組む。

⑤持続可能な観光・エコツーリズム：各国・地域が協力し、観光業で使用する交通手段における資源を持続可能なものにする。

⑥持続可能な食料システム：食品ロスを削減し、より資源効率が高く、より健康的な食品消費を促進する。

実現技術 (enabling technology)

(5・b)

人が何かを行う能力を飛躍的に高める画期的な技術や装置のこと。人の知識を高めることに役立った画期的な技術としては、例えば印刷機、コピー機、ファックス、インターネット、AIがあり、人の身体能力についてはメガネ、コンタクトレンズや義手、義足、そして最近ではパワードスーツなどがある。

児童兵士 (child soldier)

(8・7)

文字通り子どもの兵士のこと。紛争の絶えない国では、武装グループが子どもを誘拐し、または脅迫して兵士にしてしまい、或いは家族を殺された子どもが復讐のため兵士に志願することがある。多くの国際条約がこれを禁止しているが、現在世界には約30万人の児童兵士がいると言われている。

児童労働（child labor）（8・7）

国際労働機関（→p65）では、義務教育を受けるべき年齢（日本では15歳未満）の子どもが、教育を受けずに大人と同様に働くこと、または18歳未満の子どもが危険で有害な労働をすることと定義される。学校に行きながら家の手伝いをしたりアルバイトをしたりするのはこれに当たらない。国際労働機関を中心に、産業別に就業最低年齢を定め、特にひどい児童労働を禁止する条約が作られてきたが、世界には未だ児童労働が蔓延している。児童労働の原因には、貧困や教育機会の欠如、児童労働を当然視する家族、政府や社会の無関心、差別などがある。

指標（indicator）

ＳＤＧｓの17目標、１６９ターゲット（各目標の具体的な内容や実施手段を示したもの）の進捗状況を測るための基準。２０１７年７月の国連総会決議で決定され、全部で２４４（重複を除くと２３２）の指標がある。

社会保護制度（social protection system）（1・3）

人びとが生活していく上で直面し得る健康や経済面のさまざまな困難に対して、国などの公的な機関が保護を提供する制度。日本では、憲法に基づく「健康で文化的な最低限度の生活」（憲法第25条）を保障するため、「社会保障制度」と呼ぶ一連の枠組みが作られており、次の4つの制度からなる。

①「社会保険」：病気やけが、障害、失業などに遭遇した場合に給付をするための保険制度。
②「社会福祉」：障害者、母子家庭などに対する公的な支援。
③「公的扶助」：生活困窮者に対して最低限度の生活を保障し、自立を助ける。
④「保健医療・公衆衛生」：国民の健康維持を目指す予防、衛生制度。

世界には未だこういった制度がなく、または不十分な国があるため、ターゲット1・3ではあらゆる国においてこの制度が構築され実施されることを目標としている。

若年死亡率（premature mortality）（3・4）
日本では、30～69歳の年間死亡者のうち、特定の「非感染性疾患」（↓p91）、具体的には心血管疾患、癌、糖尿病、または慢性の呼吸器系疾患で死亡した者の割合として算出している。なお、世界各国で共通する若年死亡率の普遍的な算出方法は決まっていない。

種
生物は、より大きな分け方から順に「界」、「門」、「綱」、「目」、「科」、「属」、「種」という単位に分けられる。例えば私たち（ヒト）は、動物（界）―脊索動物（門）―哺乳（綱）―サル（目）―ヒト（科）―ヒト（属）―ヒト（種）と分類される。イリオモテヤマネコやジャガイモも一つの「種」。

収穫後損失（post-harvest losses）（12・3）
生産された食料が廃棄されているのは先進国でも開発途上国でも同様であるが（「食料の廃棄」↓p76）、開発途上国では、食べ残しや売れ残りといった事情に加えて、食料を作っても技術不足で収穫できなかったり、輸送網が未発達なために食品工場や小売店などに届く前に腐ってしまったりすることなどもある。これを収穫後損失という。

就学前教育（pre-primary education）（4・2）
小学校入学に先立って行われる教育のこと。日本では保育園、幼稚園などで行われる就学前教育をまとめて幼児教育と呼ぶ。

重債務貧困国、HIPC（highly indebted poor countries）（17・4）
世界で最も貧しく最も重い債務を負っている途上国のこと。世界銀行と国際通貨基金（IMF）が認定した国々で、①1993年の一人当たりの国民総生産（GNP）が695ドル以下、かつ②1993年時点における現在価値での債務残高が年間輸出額の2・2倍もしくはGNPの80％以上の国々である。
重債務貧困国に対しては、世界銀行と国際通貨基金による1996年の「HIPCsイニシアティヴ」以来、ODA債権の100％削減などを含む、「より早く、より深く、より広範な」救済のための国際的な枠組みが作られている。

就労、就学及び職業訓練のいずれも行っていない若者（youth not

in employment, education or training)
（8・6）
若者は通常、働いているか、学校に通っているか、或いは職業訓練（→p76）を受けているかのいずれかの状態にあると考えられているが、ターゲット8・6ではそのいずれも行っていない若者を大幅に減らすことを目標としている。このような若者はニート（NEET、Not in Education, Employment or Training の頭文字をつなげたもの）と呼ばれる。

種子・植物バンク（seed and plant bank）
（2・5）（大辞林「遺伝子銀行」（→p51））

小規模・沿岸零細漁業者（small scale artisanal fishers）
（14・b）
小規模な漁業を営む者。具体的には養殖、置き網漁業、漁船なしで或いは小さな漁船を利用して行う漁業従事者のこと。

小島嶼開発途上国（small island developing States）
（3・c はじめ随所）（大辞林）
領土が狭く低地であるような島国の総称。太平洋、インド洋、カリブ海、西インド諸島などに位置する島国を指す。人口や資源が少ない、自然災害や温暖化の被害を受けやすいなど、共通の課題を抱える。

情報通信技術（ICT）（information and communications technology）
（4・b、9・c）（大辞林「情報通信」）
コンピューターと通信技術を統合した情報技術及びその利用形態。

情報への公共アクセス（public access to information）
（16・10）
情報への公共アクセスとは、公衆が情報を知ること、つまり公共機関が無駄な仕事や不公正な扱いをしていなかったかどうかを国民が知ることであり、この「情報への公共アクセス」を確保するのがターゲット16・10で特に強調されている基本的人権である。日本では、情報公開法によって、行政機関などに情報の開示が義務づけられている。ただし、個人情報や公共の安全や秩序に問題が起こるような情報などは例外として扱われる。

消耗性疾患（wasting）
（2・2）
栄養を十分に取れなかったり、病気のため身長にふさわしい体重に満たない状態。

職業教育（vocational education）（4・3）（大辞林）
職業に従事するために必要な知識・技能を習得させる目的で行われる教育。

職業訓練（vocational training）（4・5、4・b、8・6）（大辞林）
職業に必要な技能を習得させること。未就職者・失業者を対象に行う公共職業訓練と、雇用労働者を対象に行う事業内職業訓練とがある。職業補導。

食料安全保障（food security）（目標2タイトル）
生命の維持に不可欠な十分で安全かつ栄養ある食料を、誰でもいつでも入手できること。国際的には、「すべての人がいかなる時にも、活動的で、健康的な生活に必要な食生活上のニーズと嗜好を満たすために、十分で安全かつ栄養ある食料を、物理的社会的及び経済的にも入手可能であるときに達成される状況」と定義されている（国際連合食糧農業機関（↓p65）ほか「世界の食料安全保障と栄養の現状2018」）。世界的な人口増による食料需要の増大、異常気象の増加や災害による生産量の減少、紛争などのため、世界には飢餓や栄養不良に苦しむ人びとが多いことから、SDGs目標2のテーマに掲げられている。

食料の廃棄（food waste）（12・3）
本来食べられるにもかかわらず食品を廃棄すること。国際連合食糧農業機関（↓p65）によると、毎年、世界の食料生産量の3分の1に当たる約13億トンの食料が廃棄されている。（日本では年間に600万トンが食べられずに捨てられている。）廃棄されるのは、一つは食品に関連する事業者（食品の製造業者、加工業者、卸売業者、小売店、飲食店など）において。形が規格外の食品、小売店での売れ残り、飲食店での食べ残しなどが廃棄されてしまう。もう一つは家庭での廃棄。家で食べ残した食品や買ったのに使わないまま時間がたった食品を捨ててしまうことが家庭での食料廃棄。

女性器切除（female genital mutilation）（5・3）
女性の性器の一部を切除してしまう慣習で、アフリカ、中東、アジアの一部の国でみられる。女性の健康や尊厳に対する大きな害悪と承知していても、因襲的な考え方や周囲の圧力により依然として残っている。

人権
（4・7）（大辞林）
人間が人間らしく生きるために生来持っている権利。

人身売買
（5・2、8・7）（大辞林）
人格を認めず、品物のように人間を売り買いすること。

森林の経営（manage forests＝森林を経営する）
（目標15タイトル）
樹木を伐採して木材として売却するなど、森林の資源を活用し経営をすること。森林の伐採などを無秩序に行って森林のCO_2吸収機能や保水機能が低下し、また生態系の破壊などにつながらないよう、持続可能な形で森林経営を行うことが目標15のタイトルに記されている。

す

水系感染症（water-borne diseases）
（3・3）
水を介して細菌やウイルスなどが体内に入り込むことによっておこる病気。腹痛、下痢、嘔吐、発熱、頭痛などの症状が見られる。典型的なのはコレラ、腸チフスなど。

すべての後発開発途上国に対し、永続的な無税・無枠の市場アクセス（duty-free and quota-free market access on a lasting bases for all least developed countries）
（17・12）
開発途上国の輸出を拡大して工業化と経済発展を促すため、先進諸国は開発途上国からの輸入品に対して、低い関税を適用、または無税としている。これを「一般特恵関税制度」と呼ぶ。なかでも後発開発途上国に対しては、さらに低い関税を適用している。この措置は「特別特恵措置」と呼ばれる。現状では、先進国が皆同じ措置を採っているのではなく、対象国となる条件、税率などが国によって異なっている。また国により無税輸入の枠（上限）を設けることもあり、この措置を期限つきで実施しているところもある。ターゲット17・12は、この制度の対象国をすべての後発開発途上国とし、すべての品目を無税で輸出できるようにすることを求めている。

せ

成果の不平等（inequalities of

outcome)（10・3）

平等には機会の平等（または機会均等）と成果（または結果）の平等がある。前者は誰にも同じ機会が与えられること。人種や宗教などにかかわらず皆が入学試験や就職試験を受けられるのは機会の平等の例である。後者は誰にも同じ結果が与えられること。同じ職種で誰もが同じ給料を貰えるのが成果の平等である。

同じ機会の下でも一人一人が得られる成果（結果）に差異つまり不平等が生じてしまうのが現実であるが、障害者など社会的に弱い立場にある人たちには、同じ機会が与えられるだけでは十分でないという考えから、可能な範囲で成果の平等も追求されているのがＳＤＧｓである。ターゲット10・３では、前者についてはこれを確保する（ensure）とともに、後者については法律や政策を通じて不平等を減らす（reduce）ことを求めている。

政策協調（policy coordination）（17・13）

現在はものやサービスや資金が世界中を流れ各国間の関係が深く、或る国で経済が不安定になれば他にも伝染し、その国が経済を安定させようと採る措置もまた世界中に影響するようになっている。そこで各国の間で経済を安定させる政策を協調する必要があるというのがターゲット17・13である。

政策協調の場として良く知られているのは、主要先進民主主義国7ケ国からなるＧ7。また２００８年に世界的な金融危機が起こった際に、より参加国を広げて世界経済回復の政策を調整する目的でＧ20の首脳会議が始まった。これらのグループは首脳や閣僚はじめ定期的に会合を開催して協議を続けている。

政策空間（policy space）（17・15）

各国がどれだけ自由に開発のための政策を行うことができるかということ。「政策余地」とも言う。グローバル化が進むのに伴って、各国が守るべき世界共通の規則を約束する条約が多く作られている。例えばＷＴＯ協定では、政府が外国からの投資に対する不公平な制約や国内企業の輸出を不当に支援することは禁止されている。開発途上国が借金を返せなくなった時には、国際機関などが支援をする代わりに、支援される国は、政府の出費を控え赤字を減らす約束をすることがある。そのため開発途上国が取り得る政策の幅が狭くなっているという不満が開発途上国側にあった。２００４年に国連貿易開発会議（→p50）において、開発途上国が先進国主導の国際経済に対して、自立した開発政策を実施するために自由な政策をできるようにすべきであるとして主張されたのが「政策空間」という考え方。国際的な規則は守りながら、途上国が個々の事情に応じてとりたい政策の自由度を広げることの適切なバランスを考えることが、ターゲット17・15の目指すところである。

生産資源（productive resources）
（2・3）
ものやサービスを生産するのに必要な資源（→p69）。通常は土地、労働、資本のこと。生産要素とも言う。

生産性（productivity）
（2・3、2・4、8・2）
ものづくりやサービスの提供などの経済活動のために必要とされる、資本、工場や機械、労働者などを生産要素と呼ぶ。生産要素を使ってどれほどの価値を生み出せるかが生産性。同じ量の生産要素を使ってより多くの製品を創り出す企業のほうが生産性が高いことになる。

脆弱層（the vulnerable）
（1・3、1・4、1・5、2・1、4・5、6・2、11・2、11・5）
社会の中で弱い立場にある人びとのこと。「社会的弱者」とも呼ばれる。ＳＤＧｓでは「脆弱な立場にある人びと」などの表現も使われる。これら脆弱層は、障害などのために自分の努力だけでは思うように働けず、貧しい生活を送ることを強いられる可能性が高い。２０３０アジェンダでは、「脆弱な人びととは、子ども、若者、障害者（その内80％以上が貧困下にある）、ＨＩＶ／エイズと共に生きる人びと、高齢者、先住民、難民、国内避難民、移民を含む」と定義されている（パラグラフ23）。「誰一人取り残さない」包摂性を重視するＳＤＧｓでは随所（目標1、2、4、6、11）において、最も取り残されやすいこれら脆弱層に対する特別の措置を謳っている。

生態系（ecosystems）
（2・4、6・6、14・2、15・1、15・4、15・8、15・9、15・a）（大辞林）
自然界のある地域に住むすべての生物群集とそれらの生活に関する環境要因とを一体として見たも

の。エコシステム。

性と生殖に関する保健サービス (sexual and reproductive health-care)
（3・7、5・6）

性や子どもを産むことに関して、身体的にも精神的にも社会的にも、女性本人の意思が十分に尊重されること。女性は、男性と異なる健康上の問題（月経、避妊、妊娠、不妊、中絶、出産、更年期障害など）があるため、性と生殖に関する健康は女性のみについての用語。ターゲット5・6では、性と生殖に関する健康の達成度を測る指標として、①性的関係、避妊、リプロダクティブ・ヘルスケア（生殖に関する保健）について、自分で意思決定を行うことのできる15歳～49歳の女性の割合、②15歳以上の女性及び男性に対し、セクシュアル／リプロダクティブ・ヘルスケア、情報、教育を保障する法律や規定を有する国の数が掲げられている。

政府開発援助、ＯＤＡ (Official Development Assistance)
（10・b、17・2）

先進国の政府或いは政府の機関が、開発途上国の開発を目的として、開発途上国に直接、または国際機関を通じて行う援助。具体的には、資金面の協力（贈与に当たる無償資金協力や、返済が必要な貸付など）と技術協力（専門家を派遣したり研修員を受け入れたりして開発途上国への技術の移転に協力する）の形をとる。経済協力開発機構（ＯＥＣＤ）の開発援助委員会（ＤＡＣ ↓p54）の定義によれば、①ＤＡＣ加盟国の政府または政府機関によって供与されるもの、②途上国の経済開発や福祉の向上に寄与することが主な目的であること、③資金協力の場合は、供与の条件が開発途上国にとって緩やかなものであること、の3つの条件を満たすものが政府開発援助とされる。

生物多様性 (biodiversity)
（14・a、目標15タイトル、15・4、15・5、15・9、15・a）（大辞林）

遺伝子・生物種・生態系それぞれのレベルで多様な生物が存在していること。これを地球規模で保全するため、１９９２年に生物多様性条約が採択された。

世界銀行グループ (World Bank Group)

開発途上国の開発を目的として、融資、技術協力、政策助言などを行う国際機関で、国際復興開発銀行（ＩＢＲＤ、１８９ケ国）、国際開発協会（IDA、173ケ国）、国際金融公社（IFC、185ケ国）、多数国間投資保証機関（MIGA、181ケ国）、投資紛争解決国際センター（ICSID、154ケ国）の5機関からなるのが世界銀行グループ。通常「世界銀行」という場合はこのうち国際復興開発銀行と国際開発協会をさす。

世界貿易機関、WTO（World Trade Organization）（10・a、14・6、17・12）

1995年に設立された国際機関。164ケ国が加盟（2021年現在）。加盟国は関税及び貿易に関する一般協定、サービス貿易に関する一般協定、紛争処理手続きに関する了解など17の多角的貿易協定にも一括して加盟する。WTO体制の下、世界の各国が自由にものやサービスの貿易ができるようにルールを定め、関税率などの交渉や協議を行う場を設けている。また、貿易をめぐる加盟国間の紛争を解決するための紛争解決制度が設けられている。

世界貿易機関（WTO）漁業補助金交渉（the World Trade Organization fisheries subsidies negotiation）（14・6）

世界の漁獲量の約3割は過剰漁獲で、多くの場合、国の補助金が利益を上げられない漁業を支えているのが実態という（国際連合食糧農業機関（↓p65））。そこで海洋水産資源の持続的な利用と保全のために、2001年のWTOドーハ・ラウンド（↓p88）交渉開始以降、無秩序な漁獲につながる補助金を禁止するルール作りを目指し、20年以上にわたって交渉が続いている。ターゲット14・6では2020年までと期限が記されているが、未だに合意に達していない。

この交渉で議論されているのは、違法・無報告・無規制漁業（↓p51）につながる補助金の禁止、一定水準しか資源がない「枯渇資源」の漁獲に対する補助金の禁止、過剰能力・過剰漁獲につながる補助金の禁止などである。しかし、禁止を幅広くするか否か、開発途上国にどのような例外的取り扱いを認めるかなどをめぐって、未だ意見の収斂が見られていない。

世界保健機関、WHO（World Health Organization）（大辞林）

保健衛生問題のための国際協力を目的とする国際連合の専門機関。婦人や児童の厚生、医学教育などをも扱う。１９４８年設立。

絶滅危惧種（threatened species）（15・5）（大辞林）

絶滅のおそれの最も高い生物種。国際自然保護連合（ＩＵＣＮ）の基準に準じ、生息数などに応じ、Ⅰ類（絶滅の危機に瀕しているもの）とⅡ類（絶滅の危機が増大しているもの）に分類される。

先進締約国によるコミットメント（the commitment undertaken by developed-country parties）（13・a）

世界的な課題である気候変動問題は、すべての国が対策を行う必要があるが、開発途上国の中には、限られた資金や技術だけでは十分な気候変動対策を実施できない国もある。１９９２年の気候変動枠組条約（国連気候変動枠組条約↓p66）では、先進国が開発途上国に対して気候変動対策のための資金協力と技術協力をすることが合意された。

その後２０１０年にメキシコのカンクンで行われた同条約の第16回締約国会議では、２０２０年までに年間１０００億米ドルの長期的な資金提供を行うという具体的な目標が掲げられた。さらに２０１５年の第21回締約国会議で合意されたパリ協定（↓p91）では、この目標が確認されるとともにそれ以上の協力を目的とすること、開発途上国が自主的に資金提供することが奨励されている。ターゲット13・aでいうのはこのうち先進締約国による約束のこと。ＯＥＣＤによれば、先進国による資金協力は増加しているものの、２０１８年時点で７８９億ドルにとどまっている。

仙台防災枠組２０１５-２０３０（the Sendai Framework for disaster Risk Reduction 2015-2030）（11・b）

２０１５年に宮城県仙台市で開催された「第３回国連防災世界会議」の成果文書として採択されたのが「仙台防災枠組２０１５-２０３０」。災害リスクを理解し、リスク管理のための統治を強化し、投資を行うなどの４つの優先行動と、地球規模で災害死者や被害者を実質的に減らす、災害リスクを軽減する戦略作りを進める、国際協力を強化するなどの７つのターゲットが示されている。

そ

相対的貧困（relative poverty）

国や地域における貧困層の割合を測る一つの考え方。絶対的な生活水準によって貧困を定義するのではなく、ある国や地域の中で多くの人と比して貧しい生活水準にある状態を貧困とする考え方。いわば社会の中の格差の大きさに関する指標の一つと言える。したがって相対的貧困は、全員の所得が同一でない限り、一人当たり国民所得の低い国にも高い国にも必ず存在する。

所得（1年間）を高い方から順に並べた場合に真ん中に来る世帯の所得（中央値＝median income）の半分（貧困線）に満たない所得層の割合を相対的貧困率と呼ぶ。

ターゲット1・2では、国によって貧困の定義が異なることを前提とした上で、先進国も開発途上国も含めすべての国で、自らの定義する貧困を2030年までに半減することが目標とされる。目標10（各国内及び各国間の不平等を是正する）でも、達成度を測る指標の一つとして相対的貧困率が使われている（指標10・2・1）。

日本では、3年毎に公表される厚生労働省の国民生活基礎調査において「相対的貧困率」が使われている。2019年の同調査によれば、貧困線は127万円で、全体の15・4％が相対的貧困状態にある（2016年の15・7％から0・3％の低下）。

贈賄（bribery）

（16・5）（大辞林）

賄賂を贈ること。（↓「汚職」p53参照）

た

大気、水質及び土壌の汚染（air、water and soil pollution and contamination）

（3・9）（大辞林「大気汚染」、「水質汚染」、「土壌汚染」）

大気汚染：人間の生産活動・消費活動によって大気が汚染され、生態系や人間の生活に悪影響が生じること。二酸化炭素、各種の窒素酸化物、鉛などの各種の金属、オキシダント、核分裂生成物などが原因となる。

水質汚染：海洋・河川・井戸水・水道水などが、さまざまな要因により汚染されること。鉱業廃水・家庭雑排水に含まれる有害物質によるもの、肥料・農薬によるもの、大腸菌の増殖によるものなどがある。

土壌汚染：工場からの排出物や農薬の散布などにより、土壌にカドミウム・銅などの重金属やポリ塩化ビフェニールなどの化学物質が蓄積し、その結果、人畜の健康被害や農作物の生育阻害をもたらすこと。

帯水層(aquifer)
（６・６）（大辞林）
地下水で飽和した透水層。また、利用するのに十分な水量を湧出する地層。

多角的貿易体制(multilateral trading system)
（17・10）
１９３０年代に、世界的な不況のため各国が輸入制限や高い関税、経済のブロック化（一部諸国だけで経済圏を作り他の諸国を排除すること）を行ったことが第二次世界大戦の一因になったという反省から、戦後、世界全体で貿易に対する障害を減らして貿易を拡大することによって、平和的に経済開発を進める仕組みが作られてきた。代表的なのが１９４８年に発足した「関税及び貿易に関する一般協定（ＧＡＴＴ、ガット）」体制。１９９５年には、ガットを基礎として、自由貿易の度合いを高め貿易ルールをさらに明確にする世界貿易機関（ＷＴＯ →p81）が設立。このように世界全体で自由で公平な貿易ができる仕組みを「多角的貿易体制」と呼ぶ。

たばこの規制に関する世界保健機関枠組条約(World Health Organization Framework Convention on Tobacco Control)
（３・ａ）
２００３年に世界保健機関（ＷＨＯ）の場で採択された多国間条約。主な内容は次の６つの対策の頭文字をとってＭＰＯＷＥＲと呼ばれる。①Monitor（たばこ使用と政策のモニタリング）、②Protect（周囲の人が吸うたばこの煙を吸ってしまう受動喫煙からの保護）、③Offer（禁煙の支援と治療）、④Warn（たばこの危険性の警告）、⑤Enforce（たばこの広告・販売促進、後援の禁止）、⑥Raise（たばこ税の引き上げ）。２０２２年現在１８２ケ国が参加している。

ち

地域コミュニティ(local communities)
（６・ｂ、15・ｃ）（大辞林「地域社会」）
ある一定の地域に住む人びとから

なる社会。

地球規模の国際経済・金融制度（global international economic and financial institutions）（10・6）

地球規模で世界の経済や金融に関係する世界的な国際機関は、国連（加盟国１９３）の他、国際通貨基金（加盟国１９０）、世界銀行グループ（→p80）、世界貿易機関（加盟国１６４）など。

前述の国際機関のうち、国連の経済問題に関する意思決定は1国1票、世界貿易機関ではすべての加盟国の全会一致で行われるので全加盟国に同等の権限が確保されているが、国際通貨基金など一部の機関では、加盟国の責任や貢献の程度に応じて1票の重みに差があり、また機関の運営資金に対する責任も貢献度も先進国が高いので、おのずと先進国の意思が重要になっている。国連のように1国1票制にするのは困難だが、ターゲット10・6では何らかの形で開発途上国の声がより反映されることが目指されている。

知的所有権の貿易関連の側面に関する協定（ＴＲＩＰＳ協定）及び公衆の健康に関するドーハ宣言（Doha Declaration on the TRIPS and Public Health）（3・b）

エイズ、結核、マラリアの治療などの医薬品は、開発に要した経費を取り戻すために高価となり、貧しい人びとには手が届かないことが多く、また原則として特許権者の許可なくして製造することができない。医薬品などの特許権に関する「知的所有権の貿易関連の側面に関する協定（ＴＲＩＰＳ協定）」は、感染症対策など公衆衛生のためであれば、各国が特許権者の許可がなくとも、自国内で使用する場合にはそのような医薬品の生産、販売をできることが認められていた。しかし医薬品の生産能力が整っていないために輸入せざるを得ない国、特に後発開発途上国の問題解決策にはならなかった。

２００1年にカタールのドーハで開かれた世界貿易機関の閣僚会合では、このような諸国の窮状を救うことを目指して、公衆衛生を保護するためにＴＲＩＰＳ協定を柔軟に解釈すべきであるとして合意されたのが「知的所有権の貿易関連の側面に関する協定（ＴＲＩＰＳ協定）及び公衆の健康に関するドーハ宣言」。この宣言を受けて、困難を抱える国への輸出のために他国の製薬会社が特許権者の許可なく製造し輸出することを認めるTRIPS協定改正議定書が作られ、2017年に発効した。

中小零細企業（micro-, small and medium-sized enterprises）
（8・3）

一般に資本金や労働者数が少ない企業のこと。日本では、資本金が3億円以下、または従業員が300人以下の企業を中小企業、特に規模の小さいものを零細企業と呼び、あわせて中小零細企業と言う（製造業などの場合）。

つ

追加的資金源（additional financial resources）
（17・3）

ターゲット17・3は、開発途上国にいろいろな財源から資金が入ってくるようにするのを目標としている。ターゲット17・3の達成度を測る指標（17・3・1）では、ODAの他、海外直接投資（→p54）、南南協力（→p89）、送金（「移住労働者による送金コスト」→p50）が追加的資金源として掲げられている。

て

適応（adaptation）
（2・4、11・b、13・3）

気候関連災害や自然災害が起こってしまった際の被害を減らすための対応をとること。起こり得る災害に関する情報を集めて災害を予測し、非常時の計画を作るなどの災害リスク管理（→p66）をする、海面上昇に備えるための堤防を設置する、豪雨で土砂崩れが起こるのを防ぐため植林を進める、農作物の品種を改良して高温に強くするなど。

デリバティブ（derivatives）
（2・c）

債権や株式などの本来の金融商品の取引を活用した金融取引のいろいろな形態。商品の価格が将来変動する事態に備えたり、事業に必要な資金を低いコストで調達したり、高い利回りを得るためなどに行われる。例えばデリバティブの一つである「先物取引」は、ある商品の価格が将来変動することによるリスクを回避するため、将来のある時点で商品の売買を行うこととその金額を、あらかじめ約束しておくタイプの取引。

伝統的な知識（traditional knowledge）
（2・5）
主に開発途上国において、遺伝資源（→p51）を活用する上で、伝統的に培われてきた農産物や植物の薬効などに関する知識のこと。例えば近年スタミナ源として有名な植物マカは、南米ペルーにある遺伝資源であり、伝統的な知識の一例。近年、バイオテクノロジーが発達し大企業が開発途上国の遺伝資源やそれに関連する伝統的な知識を活用して新たな薬品を開発・製造し、特許権を得て大きな利益をあげる一方、もともとその遺伝資源や伝統的な知識のあった開発途上国には十分な利益がもたらされないことが問題視されてきた。

1992年に採択された生物多様性条約では、遺伝資源の利用から生ずる利益の公正かつ衡平な配分が謳われ、その後の交渉を経て2010年には同条約の締約国会議が名古屋で開催された際に、議定書（名古屋議定書）が採択され、その中で、上記の「利益の公正かつ衡平な配分」がなされるよう、遺伝資源の提供国と利用国のとるべき具体的な措置が合意された。

と

動員（mobilization）
（1・a、15・a、15・b、17・1、17・3、17・16）
SDGsでは名詞の「動員」と動詞の「動員する」（mobilize）の形で使われている。知識、専門的知見、技術及び資金などを集めること。多くの文脈では「資金を集める」の意味で使われている。

統合水資源管理（integrated water resources management）
（6・5）
自然環境や生態系を守りながら、人びとが公平に、そして最大限活用できるように水資源を管理すること。その際、地表水、地下水、河川と別々に計画し管理するのではなく、すべての水を安全に利用すべく、地域を超え、場合により国を超えて統合的に管理する管理の手法。

投入財（inputs）
（2・3）
ものやサービスを生産する過程で、原材料、光熱費、間接費として使われる財貨及びサービスのこと。中間財ともいう。ターゲット2・3では、食料生産に使われる材料、具体的には肥料、農薬、電気や燃料、漁網など、農業や漁業に必要なもののこと。

ドーハ開発ラウンド（Doha Development Round）（2・b、17・10）

正称、ドーハ開発アジェンダ。2001年11月にカタールのドーハで発足が取り決められたWTO閣僚会議による新しい多角的貿易交渉。8つの分野（農業、鉱工業品、サービス、ルール、貿易円滑化、開発、環境及び知的財産権）における交渉が行われているが、現時点では決着に至っていない。

特別かつ異なる待遇（special and differential treatment）（10・a、14・6）

世界貿易機関協定（WTO協定）上、開発途上国や後発開発途上国に対して認められた「特別」な、または先進国とは「異なる」扱いのこと。WTO協定上、国際貿易は本来どの国も同じ条件で行うのが原則だが、貿易を通じて途上国の経済発展を後押しする目的で、協定上の義務の免除や緩和（柔軟に農業補助金を出せる、外国産品に高い関税を課すことができるなど）、技術協力を途上国に与える条項などが各協定で認められ、既に実施されている。

現在、世界貿易機関では開発途上国の貿易を通じた開発を主要な課題として交渉（ドーハ・ラウンド）が続けられており、「特別かつ異なる待遇」も議論のテーマの一つになっている。この待遇をより強化しようとする主張がある一方で、もはや開発が十分進んでいるのにこの優遇措置を受け続けている国が多いので、これを見直すべきだという意見もある。

特恵的な原産地規則（preferential rules of origin）（17・12）

外国からの輸入品に対して課される関税は、自由貿易協定を締結している国や開発途上国からの輸入品に対しては低く設定される。これを関税上の特恵待遇という。その際に輸入品（産品）が1ケ国の中だけで作られるのでなく、原材料の生産国と最終産品の生産国が複数にまたがる場合がある。（例えばマグロの缶詰の場合、マグロ、みりん、油などの原材料が異なる国の産品である時に、それら原材料を利用してある後発開発途上国で加工したマグロの缶詰を特別特恵措置の対象として無税で輸出できるか、といったケース）このような場合にある産品がどの国の産品と認めるかについてのルールは

「特恵原産地規則」（または特恵的な原産地規則）と呼ばれる。この特恵原産地規則が国により異なるので、ターゲット17・12ではこれを後発開発途上国側にとってわかりやすく使いやすい規則とするよう、先進国に求めている。

取引（trafficking）
（16・2）
ターゲット16・2でいう「取引」は「人身売買」（human trafficking→ターゲット8・7）と同じく、「人格を認めず、品物のように人間を売り買いすること」で、犠牲者のうち3人に1人が子どもと言われる。その主な目的は、強制労働、買春、強制結婚、臓器摘出など。

奴隷制（slavery）
（8・7）（大辞林「奴隷制度」）
人間を財産として所有することを認め、それを奴隷として生産活動を行わせる制度。

な

内陸開発途上国（Landlocked developing country）
（7・b、9・a、10・b）
国土が海から隔絶され、国際市場への距離や物流コスト等の経済社会発展上の制約を抱え、地勢的に開発に不利な途上国をいう。

内陸淡水生態系（inland freshwater ecosystems）
（15・1）
陸域生態系（→p99）のうち、河川とその流域、湖沼、湿地などの水辺の生態系のこと。

南北協力、南南協力、三角協力（North-South、South-South and triangular cooperation）
（17・6）
先進国のほとんどが「北」半球にあり、開発途上国の多くが「南」半球にあるので、先進国から開発途上国に対する協力は「南北協力」と呼ばれる。いわゆる開発協力の大部分は南北協力である。

「南南協力」は、開発途上国の中でも先進国の協力によって一定の分野で開発の進んでいる国が、他の開発途上国に協力すること。言語や文化や気候などが似通っている国どうしで、自らが開発を進めた経験も伝えることができるので協力の効果が高まると期待されている。

「三角協力」は、南南協力が資金不足や機材不足でうまくいかない場合にこれを補うために、先進国が手伝うもの。三者が手を携えて協力を行うことから三角協力と呼ばれる。

の

農産物輸出補助金 (agricultural export subsidies)
(2・b)
本来自由貿易制度の下では、どの国の産品も同じ条件で競争することになっているが、一部の国では特に農産物の輸出に補助金を与えている。そのため他国の農産物より不当に安く輸出して自由で公正な貿易を歪めることになっている。WTOのドーハ開発ラウンド交渉 (↓p88) では、このような輸出補助金を抑制することも議論されているが、未だ決着はついていない。

農村インフラ (rural infrastructure)
(2・a)
農村において農業を行うために必要な基本的なインフラ (↓p52) 施設。具体的には、農業用の灌漑水路、農道などのこと。

能力強化 (empowerment)
(目標5タイトル、5・b、5・c、10・2) (大辞林)
①力をつけること。また、女性や社会的弱者などが力をつけ、連帯して行動することによって自分たちの置かれた不利な状況を変えていくとする考え方。
②権限の委譲。企業において従業員の能力を伸ばすためや、開発援助において被援助国の自立を促進するために行われる。

は

バイオマス (大辞林)
エネルギー源または化学・工業材料として利用される生物体。また、生物体をそのように利用すること。

廃棄物
(11・6、12・4、12・5) (大辞林)
不要なものとして廃棄された物。事業活動により生じたものを産業廃棄物といい、それ以外のものを一般廃棄物という。他に放射性廃棄物などがある。

働きがいのある人間らしい仕事／雇用 (decent jobs, decent work)
(4・4、目標8タイトル)
国際労働機関 (↓p65) で提唱された雇用のあり方で、次の4つの条件を満たした労働のこととされている。①賃金、労働時間、休日数に関する制度が整い、働きながら健康で人間らしい生活ができること、②労働基本権（→p99）をはじめとする労働者の権利が守られていること、③暮らしと生活の両立ができて、雇用・失業保険や医療・年金・育児・介護制度などの社会的な保護があること、④性別・国籍・年齢などに基づく差別がなく、同じ仕事をした場合に収入や昇格の面で公正に扱われること。

発育阻害（stunting）
（２・２）
日常的に栄養を十分に取れず慢性栄養不良に陥り、年齢にふさわしい身長まで成長しない状態。

パリ協定（Paris Agreement）
２０１５年パリで開催された、国連気候変動枠組条約（→p66）の第21回締約国会議で採択された協定。２０１６年に発効。１９９７年の京都議定書では、温暖化ガス排出量削減の義務が先進国にのみ課せられていたのに対して、パリ協定では、すべての協定参加国が温室効果ガスの排出を減らすこととなった。世界的な平均気温の上昇を、産業革命以前に比べて＋２・０℃より低く保つとともに、＋１・５℃に抑える努力をすることが目標とされた。

バリューチェーン（value chains）
（９・３）
value（バリュー）は、ある行動によって生み出される価値で、価格を以て表される。chain（チェーン）は通常は鎖や首飾りの意味だが、経済の文脈では、ある製品の開発、材料の買入れ、製造、販売などの多くの行動が価値を生み、その価値が首飾りのようにつながっている構造のこと。ターゲット９・３では、このチェーンに入っていくための情報や経験が不足している小規模な企業を公的な機関が手伝って、チェーンに入りやすくする（アクセスを拡大する）ことが求められている。

ひ

非感染性疾患（non-communicable diseases）
（３・４）
感染症ではない病気。不健康な食事や運動不足、喫煙、過度の飲酒、大気汚染などを原因とする病気で、生活習慣を改善することによって予防が可能な疾患。具体的には、癌、糖尿病、循環器疾患、呼吸器疾患、メンタルヘルスなどの慢性疾患。

必須医薬品（essential medicines）（3・8）

人口の大部分における健康管理の需要を満たすもので、適切な量・適切な形で個人やコミュニティが入手し得る価格であるべきと定義されている医薬品のこと。世界保健機関の作成する「WHO必須医薬品モデル・リスト」には、約300品目の医薬品が収載されている。

一人当たり経済成長率（per capita economic growth）（8・1）

連続する二年間の一人当たりGDPの変化率（指標8・1・1）。経済の規模が人口の伸び率以上に増加しなければ一人当たりの豊かさが増えないことから、一人当たり経済成長率が重視される。

ふ

富栄養化（nutrient）（14・1）（大辞林）

リンや窒素などを含む排水が湖沼などに流入し、プランクトンが異常に発生するなどして水質が汚濁すること。

負債による資金調達（debt financing）（17・4）

国内に開発のための資金が不足している開発途上国が、外国の政府機関、国際機関、銀行などから資金を借りて開発計画に充てること。これにはODAのように借り手の負担が小さい（返済期間が長い、金利が低いなど）債務もあれば、商業ベースで銀行などから借り入れる債務もある。一般に商業ベースの債務は金利が高いなど借り手にとって借り入れ条件が厳しいと言われており、また最近では一部の政府の機関が開発途上国に融資をする際にも厳しい返済条件が課されることがあり、「債務の罠」と呼ばれる問題が発生している。

物質乱用（substance abuse）（3・5）

ターゲット3・5に言う「物質」は、覚醒剤、大麻、コカイン、ヘロイン、MDMA、シンナーなどの違法な「薬物」（narcotic drug）だけでなく、アルコール、たばこ、市販の薬なども含む。「薬物」は摂取を止められなくなり、精神のバランスを悪くさせて精神障害を引き起こし、このことが犯罪の原因にもなり得る。薬物以外の「物質」も、正しい使い方や量を外れて過剰な摂取をすると同じような問題につながるので、薬物とともにこのターゲットで「乱用」を防止し、治療を強化することとされている。

文化多様性（**cultural diversity**）
（4・7）
世界の各国、各地に歴史や伝統に基づくさまざまな文化があること。異なる文化が交流し合うことによって人類の文化がより発展し豊かになる一方で、グローバル化が進む中で世界の文化がより優勢で画一的な文化に飲み込まれ、豊かな文化多様性が失われるのではないかという懸念もある。2005年には、ユネスコ総会で「文化的表現の多様性を保護し、及び促進すること」を目的とする「文化的表現の多様性の保護及び促進に関する条約」が採択された。

へ

北京行動綱領（**the Beijing Platform of Action**）
（5・6）
1995年、中華人民共和国の北京で、女性の人権や社会的地位の向上をテーマとして、第4回世界女性会議が開催され、北京宣言と北京行動綱領が採択された。行動綱領は、女性に関する貧困、教育、健康、暴力、人権などの分野において、政府やNGOなどがとるべき行動の指針を示している。

ほ

貿易制限や歪み（**trade restrictions and distortions**）
（2・b）
貿易制限は、輸入する国が輸入関税を引き上げたり輸入数量に上限を設けるといった輸入を制限する措置、輸出する国が輸出に税金をかけたり輸出量を規制するなど、輸出を制限する措置などのこと。歪みとは、輸出産品の生産者に補助金を出して優遇することによって輸出価格を低く抑え、不当な競争力を与えるなどの方法により、自由な価格競争を害すること。

貿易のための援助（**Aid for Trade**）
（8・a）
開発途上国が貿易を通じて開発を進めることができるよう、世界貿易機関（「後発開発途上国への貿易関連技術支援のための拡大統合フレームワーク、EIF」（→p64））や先進諸国が行っているさまざまな援助。貿易に関する法律制度の整備を手伝ったり、輸送インフラ建設のための調査をしたり、人材育成をしたり、貿易拡大に成功した開発途上国の成功体験を分かち合うなどの取り組みが行われている。

包摂的（inclusive）（4・a、目標9タイトル、9・2、目標11タイトル、11・3、11・7、16・7）

もともとの意味は「含まれる」ことだが、SDGsの文脈では、主として子ども、若者、障害者、高齢者、先住民、難民、移住労働者などの社会的な弱者も、政策や便益の対象から排除されたり、忘れられたりして取り残されることなく、含まれることを意味する。これらの弱者を含めて誰一人取り残さないという原則の下で、SDGs目標、ターゲットの随所で使われる用語である。

法的な身分証明と出生登録（legal identity birth registration）（16・9）

出生登録は、子どもの出生や国籍を公式に認めるもので、生まれた子どもが出生登録されることは「子どもの権利条約」にも定められている基本的な人権。出生登録は、戸籍、マイナンバーカードや旅券などの法的な（公的な）身分証明を得るために必要で、公的な身分証明は教育を受けたり、保険で医療を受けたり、銀行口座を開いたりするときなどに必要となる。社会で生活する上で出生登録されていることが第一歩と言えるため、ターゲット16・9で特にその重要性が強調されている。

現在、主に開発途上国で約1億6600万人の5歳未満の子ども、つまり世界中の子どもの4人に1人が未登録と言われる。これは、親の知識不足、登録料金が高いことや地域の慣習などが原因と言われている。これら未登録の子どもたちは、教育や医療や必要な保護を受けられないばかりか、搾取や虐待や人身取引の犠牲になりやすい。

法の支配（rule of law）（16・3）

公共の政策が民主的に決められた法律に従って行われ、統治する側も統治される側も、誰もが等しく法律に従うという原則。国を動かす人たちが勝手に政策を変えたり人を逮捕するなどして法律を守らなければ、誰も公正や平等を期待できず、安心して働き経済活動をすることもできず、持続可能な開発はできないことから、持続可能な開発のために不可欠な目標とされている。

補助金（subsidies）
（2・b、12・c、14・6）（大辞林）

特定産業の育成や特定施策の奨励など、一定の行政目的を達成するために、国・地方公共団体が公共団体・企業・私人などに交付する金銭。

保全（conservation）
（11・4、14・5、15・1、15・4、15・a、15・b）

生態系を「保全」するとは、生態系に全く手をつけないのではなく、生態系を損なうことなく持続可能な形で使うこと。この点で、生態系に一切手をつけずそのままにしておく「保護」と異なる。例えば原生林への立ち入りを禁止・制限してそのままの状態にしておくのが「保護」で、計画的な植林や管理を行って森林の生態系を持続可能な形で利用していくのが「保全」。

SDGs目標15のタイトルは陸域生態系（→p99）について、その「保護」、「回復」及び「持続可能な利用の推進」つまり「保全」を謳っている。

ま

マイクロファイナンス（microfinance）
（1・4）

ファイナンス（金融）は主に、企業などが事業を行うために銀行から資金を借り入れること。銀行などが資金借り入れの申し込みを受けると、借り手の信用や事業の収益性などを審査して貸し出しの判断をするが、貧しい人たちは通常のファイナンスが認められないことが多い。マイクロファイナンスは、貧しい人びとに低い金利などの有利な条件で小口の融資や貯蓄、保険などを提供することを通じて、彼らの経済的自立や貧困からの脱却、そして地域の経済開発を目指すものである。

マイクロファイナンスを行うのは政府やNGO関係の機関が多く、政府資金や寄付などを元手にして運営されている。

マクロ経済の安定（macroeconomic stability）
（17・13）

マクロ経済とは経済活動の主体である政府、企業と家計を一括りにして大きな（macro）視点から見た経済社会全体の動き。マクロ経済の安定とは、景気の変動が小さく物価などの指標が安定しているなど経済全体が大きく揺れ動かない状態のこと。

なお、家計（個人）や企業を最小単位としてその行動や意思決定がどのようになされるか、という狭い（micro）視点から分析をするのがミクロ経済。

マラリア（malaria）
（3・3）（大辞林）

熱帯・亜熱帯に多いマラリア原虫感染症。ハマダラカが媒介。潜伏期は普通一～三週間。周期的な発熱発作が特徴で、貧血や肝脾腫《かんひしゅ》が見られる。原虫の種類により発熱周期が異なる。マラリア病。季夏。〔イタリア語のmala（悪い）aria（空気）からの語〕

マルチステークホルダー・パートナーシップ（multi-stakeholder partnership）
（17・16）

「マルチ」は「多数の」。「ステークホルダー」は、もともとビジネス用語で、企業の活動に利害関係を持つ者、いわば関係者という意味。そして「パートナーシップ」は、共通の目的のために協力する関係のこと。

ＳＤＧｓターゲット17・16で使われる「マルチステークホルダー・パートナーシップ」とは、特に開発途上国での持続可能な開発目標の達成を支援するという共通目的のために、各国の政府機関や企業、ＮＧＯ、アカデミーなど多種多様な関係者が、自らの持つ知識、専門的知見、技術、資金などを提供しながら協力する関係のこと。

マルチステークホルダー・パートナーシップの例として、「国連グローバル・コンパクト」という取り組みがよく知られている。国連の呼びかけに応じて、企業や団体が、人権尊重、労働における差別撤廃、環境問題の予防、腐敗の防止などＳＤＧｓと共通する10の原則を約束する取り組みで、現在世界で約1万８０００の企業や団体が参加している。

ターゲット17・16の「グローバル・パートナーシップ」は、このような協力関係を一つの国だけでなく世界的規模に広げ、関係を強めていくこと。

マンデート（mandate）
（2・b）

ターゲット2・bの文脈では、ＷＴＯのドーハ開発ラウンドにおいて交渉すべき対象として決定された事柄。

み

水に関連する生態系（water related ecosystems）

（６・６）

水界生態系（aquatic ecosystem）とも呼ばれる。水界は「陸水域」（河川、湖沼、池沼、湿地、渓流、河口域、ダム湖など）と「海域」に分かれる。水界生態系は、水界に棲む生物（魚、プランクトン、藻、マングローブ等）からなる。

緑の気候基金（Green Climate Fund）

（13・a）

開発途上国の地球温暖化対策を支援する目的で作られた国際的な基金。先進国と開発途上国の代表からなる理事会によって運営されている。２０１０年に設立が合意された後、運営に必要な資金が集まった２０１５年に活動を開始した。この基金は開発途上国の行う「緩和」（→p57）と「適応」（→p86）の両方の対策に5割ずつを割り当てることとされており、１７０件以上の計画実施が決定されている。

や

野生生物製品（wildlife products）

（15・7）

野生動植物を材料として作られた製品。毛皮、皮革製品、象牙、珊瑚礁の置物など。野生生物製品の取引は生態系に影響を与えるだけでなく、犯罪集団や武装集団の資金源にもなっている。ワシントン条約（絶滅のおそれのある野生動植物の種の国際取引に関する条約→p100）は、これら製品の取引を規制し或いは禁止している。

ゆ

有害化学物質（hazardous chemicals）

（３・９）

人の健康や動植物、環境に有害な影響を与える化学物質のこと。有機水銀やカドミウムのような重金属は人の体内で蓄積され、水俣病やイタイイタイ病の原因となることがよく知られている。その他、ダイオキシン、塩素系の農薬や、いわゆる環境ホルモンも典型的な有害化学物質。

優先種（priority species）

（15・８）（大辞林）

外来種（→p56）の中で、生態系に特に大きな悪影響を与えるもの。

ユニバーサル・ヘルス・カバレッジ（universal health coverage）（3・8）

すべての人びとが基礎的な保健医療サービスを、必要なときに、負担可能な費用で享受できる状態のこと。

ターゲット3・8の達成度合いを測る指標としては、基本的なワクチンを接種する子どもの割合、一人当たりの病床数、人口当たりの医療従事者（医師、精神科医、外科医）の数などが用いられ、また家計の支出または所得に占める健康関連支出が大きい人口の割合も指標となっている。

ユネスコ、UNESCO（United Nations Education, Science and Cultural Organization）（14・a）（大辞林）

国際連合教育科学文化機関。教育・科学・文化を通じて国際協力を促進し、世界の平和と安全に貢献することを目的とする、国際連合の専門機関。1946年発足。日本は51年（昭和26年）加盟。

よ

読み書き能力（literacy）（4・6）

国の全人口の中で、文字を読み書きできる人の割合を識字率という。日本人はほぼすべての成人が読み書きができるが、開発途上国では一般に識字率は低く、十分な読み書きのできない15歳以上の人は世界に7億人いるといわれる。

ら

ライフサイクル（life cycle）（12・4）（大辞林）

商品が市場に登場し、やがて他の商品に駆逐されるまでの過程。商品の寿命。

り

リーマン・ショック（大辞林）

2008年9月15日、アメリカ証券業界第四位のリーマン・ブラザーズが連邦破産法第11章の適用を裁判所に申請し、経営破綻したこと。これに端を発し、世界的な金融危機が起こった。

利益の公正かつ衡平な配分（fair and equitable sharing of benefits）

（15・6）→「伝統的な知識」（→p87）

リオ＋20（国連持続可能な開発会議）

2012年ブラジルのリオデジャネイロで開催。グリーン経済（→p60）に向けた取り組みの推進、持続可能な開発を推進するための制度的枠組み（つまりSDGsを策定すること）、防災や未来型のまちづくりなどについて議論され、成果文書である「我々の求める未来」が採択された。UNCSD（1992年にリオデジャネイロで開催された、地球サミットの20周年に当たることからRio＋20とも呼ばれる）。

陸域生態系（terrestrial ecosystems）（目標15タイトル、15・1）

生態系（→p79）のうち、陸地にあるものを言う。森林、草原、湿地、乾燥地、ツンドラ地帯、山地、熱帯雨林など。これに対して海などは「水圏（または水界）生態系」（aquatic ecosystems）と呼ばれる。陸域生態系を守るための国際協定としては、湿地などの保護を目的とするラムサール条約、絶滅のおそれがある種の商取引を禁止するワシントン条約（→p100）などがよく知られている。

れ

劣化した土地と土壌（degraded land and soil）（15・3）

土地の劣化とは、農耕地、牧草地、森林などにおいて、風や水による浸食、土壌の変化、自然の植生の喪失や過度な放牧、過剰伐採などによって、生態系の機能や生産性が減少し、または喪失すること。乾燥地域が砂漠になる砂漠化はその典型。土壌の劣化とは、主に土地の劣化と同様の原因から、土壌の浸食、土壌内の有機成分の喪失、養分の偏り、土壌の酸性化などが起こること。

ろ

労働基本権

労働者の地位向上のために認められている権利で、団結権（労働組合を作る権利）、団体交渉権（会社の経営側と労働条件について交渉する権利）、団体行動権（労働者が団結して仕事を放棄する権利）の3つからなる。

労働集約型セクター(labor-intensive sector)
(8・2)
生産要素(→p79「生産性」)のうち、労働にかかわる費用(給料など)の割合が高い産業部門。医療、美容、介護、小売業など。

わ

ワシントン条約(大辞林)
正称、絶滅のおそれのある野生動植物の種の国際取引に関する条約。1973年ワシントンにおける会議で採択、75年発効。日本は80年加入。CITES(サイテス)。

我々の求める未来(The future we want)
(14・c)
2012年にブラジルのリオデジャネイロで開催された「国連持続可能な開発会議」(通称「リオ+20」→p99)で採択された成果文書のタイトルが「我々の求める未来」。グリーン経済が持続可能な開発を達成する上で重要であること、持続可能な開発に関するハイレベル・フォーラム(各国のハイレベルの参加を得て討議する場)を創ること、SDGsについて政府間交渉を立ち上げることの他、食料、水、エネルギー、海洋、気候変動、教育など分野別の取り組みが盛り込まれた。その中でターゲット14・cに言及されているパラ(パラグラフ)158には、「海洋法に関する国際連合条約」(→p56)に従って、海洋資源の保存と持続可能な利用が行われるべきことが記されている。

これからSDGsを学ぶ皆さんへ5つの提言

To those who are going to learn about the SDGs

1 SDGsは自分事

SDGsは毎日のようにメディアで取り上げられるようになった。たいへん喜ばしいことだが、SDGsを語る人びとがしばしば「2015年に『国連の定めた』SDGsにどう対応するか」と言っているのが気になる。「国連の偉い人たちが私たちの知らないところで大事なことを決めたので、私たちはそれに従って行動しなければいけない」、と言っているように聞こえるのである。

「SDGsが生まれるまで」（↓p130）で紹介したとおり、SDGsは世界のさまざまな課題について、NGOを含む多くの関係者が長い間議論を積み重ね、公表され実施されてきた成果であり、私たちの知らないところから突然出てきたものではない。2013年以降のSDGsそのものを作る過程では、2年以上にわたって政府の他、NGO、企業、学会やいろいろな団体が意見を提供し、議論を重ねた。

そもそも国連という組織は、日本をはじめ193ケ国から構成される結社であって、私たちはいわば国連のオーナーである。2015年に国連の場でSDGsを含む2030アジェンダに合意したのは、私たちが選んだ代表たちである。「国連の偉い人たちが決めたから従う」のではない。私たちの国連で、私たちの代表が合意したSDGsを達成すべく、積極的に行動することは、いわば私たち自身の課題なのである。一言で言えば、SDGsは他人事ではなく、「自分事」である。SDGsを学び始める際に、まずこのことを念頭に置いてほしい。

1 The SDGs are our business

The SDGs have become a daily topic in the media. I am glad about that, but I am also concerned that people who talk about the SDGs often say, "How are we going to respond to the SDGs 'set by the UN' in 2015?" It sounds as if they are saying, "The UN's bigwigs have decided something important that we don't know about, and we must act accordingly."

As described in "How the SDGs were born" (→ page130), the SDGs are the result of a long process of discussion, publication, and implementation by many stakeholders, including NGOs, on various issues around the world, and did not come out of nowhere. In the process of creating the SDGs, over the course of more than two years since 2013, governments, NGOs, businesses, academia, and various other groups provided input and engaged in discussions.

The UN is an association composed of 193 countries, including Japan. We are the owners of the UN, and it was our elected representatives who agreed to the 2030 Agenda, including the SDGs, at the UN General Assembly in 2015. We don't just "go along because the bigwigs at the UN decided to." It is our own task, so to speak, to take positive action to achieve the SDGs agreed to by our representatives at our UN. In a word, the SDGs are not someone else's business, but our own, and this is the first thing to bear in mind when you start learning about the SDGs.

ＳＤＧｓが「自分事」であるからには、ぜひ次のことを心掛けたい。

一つは、自分で調べ、自分たちのイニシアティヴで議論し、自分の考えを持つことである。今の時代はあらゆる情報が溢れ、多くの人がいろいろな考えを表明している。大切なのは、特定の意見を鵜呑みにするのではなく、正確な事実、特に数字を知り、論理的に理解して、不明な点は広く質問し、深く議論して、自分の意見を持つことである。

少し前まで、温暖化で北極の氷が溶けて海水面が上昇してしまうという議論が盛んに行われていた。北極に陸地はないので氷は海に浮かんでいる。学校で習ったアルキメデスの原理を思い出せば、これが間違いであることは直ぐにわかる。もちろん、グリーンランドや南極大陸の氷が解けてしまったら、たいへんなことになるのだが、北極まで巻き込むと温暖化をめぐる議論自体の信頼度が下がってしまうという残念な結果を招くことになる。

また時々、紙を使うと森林の破壊と温暖化ガス吸収能力の低下につながるという話を聞く。しかし実際はどうかというと、森林は、木を育て伐採し再度植林して育てる森林経営によって、CO_2吸収、保水、防災に役立つ持続可能な資源となっているのだ。紙の原料であるユーカリなどの木を無計画に伐採すれば森林破壊になるが、しっかりと森林経営が行われれば、森林はＳＤＧｓの達成に貢献しているのである。これも調べればわかることである。

As you begin to learn about the SDGs, I would like you to keep the following in mind.
First, we must do our own research, take our own initiative in discussion, and come up with our own ideas. In this day and age, we are inundated with all kinds of information, and many people are expressing a variety of ideas. What is important is not to believe a particular opinion, but to know accurate facts, especially figures, understand them logically, ask a wide range of questions if something is unclear, discuss them in depth, and come up with your own opinion.

Until recently, there was a lot of discussion about how global warming would melt the Arctic ice and cause sea level to rise. There is no land in the Arctic, so the ice floats in the ocean. If you remember Archimedes' principle that you learned in school, you will immediately know that this is wrong. Of course, if the ice in Greenland and Antarctica were to melt, we would be in trouble, but involving the Arctic would have the unfortunate consequence that the debate over global warming itself may lose credibility.

Also, sometimes we hear that paper use leads to deforestation and a reduction in the ability to absorb greenhouse gases. In reality, however, forests are sustainable resources that absorb CO2, retain water, and help prevent disasters through forest management that grows trees, cuts them down, and reforests them. Unplanned logging of eucalyptus trees, which are the raw material for paper, would result in deforestation, but if forests are managed properly, they contribute to the achievement of the SDGs. This is also something that can be understood if you do your own research.

とはいっても、自分だけですべてを調べるのは難しいし、いくら調べてもわからないことも多い。そこで友人、先輩や先生に質問し、疑問に思ったら議論して、自分の考えを持つことが大事である。その際は独善的にならず、できるだけ広い範囲でいろいろな考えを持つ人びとや、他のコミュニティ、できれば海外の人たちと学び合う姿勢が大事である。世界は多様で、皆が同じ状況にはなく、同じ意見を持っているとは限らない。自分がベストと考える目標達成の方法が常に、世界の誰にとっても正しく、実行可能であるとは限らないことは、ぜひ知っておきたい。

次に、自分にできる努力をすること。ＳＤＧｓを達成するために大きな役割を果たすのは各国の政府であり、政府開発援助や法制整備、政策作りなどでは大いに活躍してもらわなければならない。けれども政府がすべてをできるものではない。国民の健康維持の前面に立つのは医療機関や医療従事者であり、質の高い教育は学校で、ジェンダー平等や働きがいのある人間らしい雇用は労働の現場で実践されなければならない。

２０３０アジェンダには、政府や公共団体が国会議員、地方政府、地域組織、国際機関、学究組織、慈善団体、ボランティア団体、その他の団体と密接に実施に取り組むことが記されている。

日本のＳＤＧｓ推進本部が作成したＳＤＧｓ実施指針でも、ＮＧＯ、民間企業、消費者、地方自治体、科学者コミュニティ、労働組合といった幅広い方面との連携が求められている。

However, it is difficult to research everything by oneself, and no matter how much one researches, there are many things that one does not understand. Therefore, it is important to ask questions to friends, seniors, and teachers, and to discuss any doubts you may have, and to have your own ideas. In doing so, it is important not to be self-righteous, but to be willing to learn from a wide range of people with different ideas, from other communities, and if possible, from people overseas. The world is a diverse place, and not everyone is in the same situation or has the same opinions. It is important to know that the way you think is best to achieve your goals may not always be correct or feasible for others in the world.

Second, do what you can. Governments will play a major role in achieving the SDGs, and they will need to be active in providing official development assistance, legislation, and policy making. But governments cannot do everything. Medical institutions and health care workers must be at the forefront of maintaining the health of the population, quality education must be achieved in schools, and gender equality and decent work must be practiced at workplace.

The 2030 Agenda states that governments and public bodies will work closely with parliamentarians, local governments, regional organizations, international organizations, academia, charitable institutions, volunteer organizations, and other groups on implementation.
The SDGs Implementation Guiding Principles prepared by Japan's SDGs Promotion Headquarters also call for collaboration with a wide range of sectors, including NGOs, the private sector, consumers, local governments, the scientific community, and labor unions.

ＳＤＧｓ達成のために私たち一人一人にできることはたくさんある。無駄な消費をしない・食品ロスを減らす・なるべく公共交通機関を使う・弱い立場の人びとに配慮する・ボランティア活動をするなど、多くの役割が果たせる。家族や友人、同僚たちにＳＤＧｓで学んだことを話し、啓発し合っていくことも重要な貢献である。ＳＤＧｓを学びながら、自分たちにはどんな貢献ができるのか、身近なところから自分で考えてみてほしい。

There are many things each of us can do to help achieve the SDGs. We can play many roles, such as avoiding wasteful consumption, reducing food loss, using public transportation as much as possible, taking care of vulnerable people, and volunteering. We can also make an important contribution by sharing what we have learned about the SDGs with our family, friends, and colleagues, and educating each other about the SDGs. While learning about the SDGs, I would like you to think for yourself about what contributions you can make, starting with those close to you.

2 すべてがつながっている

ＳＤＧｓの一つの意義は、個別の課題毎に議論されてきた世界の直面する多くの問題を、人類全体の大きな目標として統合したことにある。ＳＤＧｓが目指すことは、17の目標と169のターゲットと多岐にわたるが、大事なのは、２０３０アジェンダ及び持続可能な開発目標とターゲットが「普遍的で、不可分、相互に関連して」（２０３０アジェンダのパラグラフ71）おり、「相互に依存している」（同パラグラフ13）ことである。

しばしば、ＳＤＧｓ達成のためには「トレードオフ」を避けて、「シナジー」を追求すべきと言われる。トレードオフ（trade-off）とは、いわば「あちら立てればこちらが立たず」のこと。ある目標実現のために他の目標が犠牲になることを意味する。例えばターゲット２・ａに従って、ある地域の農村インフラ整備の一環で灌漑施設を設置するためにがむしゃらにダムを作った結果、別の農村地域で水不足になって目標６「安全な水とトイレを世界中に」が犠牲になり、また生態系が破壊されて目標15「陸の豊かさも守ろう」が犠牲になってしまう。

逆に、目標４「質の高い教育をみんなに」を達成するためにある国の教育水準を高めた結果、目標１「貧困をなくそう」、目標２「飢餓をゼロに」、目標５「ジェンダー平等を実現しよう」、目標８「働きがいも経済成長も」など他の目標実現にも役立つようになるのが、シナジー（synergy）。つまり「相乗効果」である。

私たちは、ある特定の課題を重要と考え、その課題に関心を集中して一生懸命解決に取り組むことが多い。そういう時はなかなか一つの解決方法が他の分野にどのような波及効果をもたらすかに目が行き届かないものである。しかしＳＤＧｓ実現のためには、一度立ち止まって、ある目標達成のための特定の取り組みが、ＳＤＧｓの全体つまり人類全体のさまざまな課題に照らしてどういう効果を持つのかを十分に考えてみるとよい。

2 Everything is Connected

One significance of the SDGs is that they integrate many of the issues facing the world, which have been discussed on an issue-by-issue basis, into one big set of goals for humanity as a whole. While the SDGs aim at a variety of 17 goals and 169 targets, the important thing is that the 2030 Agenda and the Sustainable Development Goals and Targets are "universal, indivisible, and interlinked" (paragraph 71 of the 2030 Agenda) and "interdependent" (paragraph 13 of the same Agenda).

It is often said that "trade-offs" should be avoided and "synergies" pursued in order to achieve the SDGs. Trade-off means "if one side stands up, the other side will not stand up", or simply put, "Rob Peter to pay Paul" situation; in order to achieve a certain goal other goals are sacrificed. For example, the construction of a dam to install irrigation facilities as part of rural infrastructure development in a certain region, in accordance with Target 2.a, might result in a water shortage in another rural region, which will sacrifice Goal 6 "Clean water and sanitation", and might also destroy the ecosystem, which will sacrifice Goal 15 "Life on land".
Conversely, raising the level of education in one country to achieve Goal 4 "Quality Education" will help achieve other goals such as Goal 1 "End Poverty," Goal 2 "Zero Hunger," Goal 5 "Gender Equality," and Goal 8 "Decent work and Economic Growth".

We often consider a particular issue to be important, focus our attention on it, and work hard to solve it. At such times, it is difficult to pay attention to the ripple effects that one solution may have on other areas. However, in order to realize the SDGs, we should stop and fully consider what effect a specific initiative to achieve a certain goal will have in light of the SDGs as a whole, that is, in light of the various issues facing humanity as a whole.

例えば電気自動車（ＥＶ）はどうだろうか。走行時にCO_2が排出されないという点で、すぐれたイノベーションの一つであり、世界は電気自動車にシフトしつつある。目標13「気候変動に具体的な対策を」の実現に大いに役立つというのがその理由である。しかし、電気自動車が本当に持続可能な交通手段であるためには、それが他の目標を犠牲にしない電気自動車であることを確認しなければいけない。

簡単に思いつくことだけでもいっぱいある。

①ＥＶの原材料から製造、廃棄までの廃棄物や温暖化ガス排出は減るのだろうか、逆に増えるのだろうか。目標12「つくる責任　つかう責任」、目標13「気候変動に具体的な対策を」

②ＥＶ製造に使われるレアアースなど原材料の採取や輸送などにおいて強制労働や人権侵害は行われていないだろうか。目標8「働きがいも経済成長も」、目標16「平和と公正をすべての人に」

③これらレアアースなど原材料の需要は10倍以上増えると予測されていて、供給国も極一部に集中しているが、安定供給は確保できるだろうか、資源の枯渇を招かないだろうか。目標7「エネルギーをみんなに　そしてクリーンに」

④ＥＶが普及すれば世界の電力使用量は大いに増えてしまうけれど、走行に必要な電力はどうやって作るのか。化石燃料による発電では電気自動車の意味はあるのだろうか。風力発電や太陽光発電であれば安定供給できるのだろうか。目標7「エネルギーをみんなに　そしてクリーンに」、目標13「気候変動に具体的な対策を」

⑤ＥＶの普及で衰退する化石燃料車製造にかかわる人たちの雇用の問題にどう対処するのか。目標8「働きがいも経済成長も」

⑥ＥＶは多くの人が購入可能な価格だろうか（広く普及しなければ意味がない）。目標10「人や国の不平等をなくそう」、目標13「気候変動に具体的な対策を」等々

To put an example, what about electric vehicles (EVs)? The EV is an excellent innovation in that it does not emit CO_2 when driven, and the world is shifting to electric vehicles. The reason for this is that they would greatly help to realize Goal 13 “Climate action”. But for EVs to be truly sustainable modes of transportation, we must make sure that they do not sacrifice other goals.

There are just a few questions that come to my mind.
①Will waste and greenhouse gas emissions during the course of production (from raw materials to manufacturing) to disposal of EVs be reduced or conversely increased?
(Goal 12 “Responsible consumption and production”, Goal 13 “Climate action”)
②Are forced labor and human rights abuses taking place in the extraction and transportation of rare earths and other raw materials used in the manufacture of EVs?
(Goal 8 “Decent work and economic growth”, Goal 16 “Peace, justice and strong institutions”)
③Demand for rare earths and other raw materials is expected to increase more than 10-fold, and the supply is concentrated in few countries. Will a stable supply be ensured? Don’t we have to be worried about the depletion of these resources?
(Goal 7 “Affordable and clean energy”)
④If EVs become widely used, the world’s electricity consumption will increase greatly, but how will the electricity needed for driving be generated? What is the point of electric vehicles if the electricity is generated by fossil fuels, and can wind and solar power generation provide a stable supply?
(Goal 7 “Affordable and clean energy”, Goal 13” Climate action”)
⑤How do we address the unemployment problems for those involved in the manufacture of fossil fuel vehicles, which is declining as EVs become more common?
(Goal 8 “Decent work and economic growth”)
⑥Will EVs be affordable for many people? (EVs are meaningless for the reduction of CO_2 emission unless they are low in price and widely used.)
(Goal 10 “Reduced inequalities”, Goal 13 “Climate action” ...etc.)

もう一つ例を挙げよう。再生エネルギー源である太陽光パネルの普及である。日本は国土の7割が山地であるが、太陽光パネルを狭い平野部に増設する余地はあるのだろうか、山地に設置するのであれば、陸域生態系の保全、保水、災害対策上問題ないのだろうかなどの課題を入念に調べる必要があろう。

上記の例のように、ある目標達成の手段がSDGsの全目標に役立つか否か、簡単に解答を見いだせない事例があるだろう。さらに、各国の状況や現在の技術ではすべての目標を満足させる解答はなく、何らかの目標達成を目指すとどうしても他目標とのトレードオフが生じてしまうこともあるかもしれない。しかしトレードオフだからといって思考停止していては、何の解決にもならない。

トレードオフを解消し、或いは極小化するような方策も考えずに「皆が協力すればすべて上手くいくはずだ」といったユートピアの世界に逃避することも何の解決にもつながらない。あくまで大きな目標つまり現在と将来の世代の生存、安全、安定、繁栄という目的を忘れずに、優先順位を考え、犠牲を最小限にし、知恵を絞りながら前に進んでいく他に手はない。

Let me give you another example: the diffusion of solar panels as a source of renewable energy. Japan is a country where 70% of the land area is mountainous. It is necessary to carefully examine issues such as whether there is room to install more solar panels in narrow plains, and if they are to be installed in mountainous areas, whether there are any problems in terms of terrestrial ecosystem conservation, water retention, and disaster countermeasures.

As in the above examples, there will be cases where it is not easy to find answers as to whether or not a certain means of achieving a goal will serve all the goals of the SDGs. Furthermore, there can be no answer that satisfies all the goals given the situation in each country and current technology level, and there may inevitably be trade-offs with other goals when aiming to achieve some goals. However, stopping to think because of trade-offs will not solve anything.

Escape to a utopian world where "if everyone cooperates, everything will work out" without considering measures to eliminate or minimize the effects of trade-offs will also lead to no solution. There is no other way but to move forward with wisdom, prioritizing, minimizing sacrifices, and keeping in mind larger goals: the survival, security, stability, and prosperity of present and future generations.

3 妥協も含まれたSDGs

先に、SDGsは長い間の議論と成果の積み重ねであると述べた。これら議論の過程では、参加する多くの政府、NGOs、民間団体や国際機関などから膨大な、中には相矛盾する要望や意見が出され、交渉が行われた結果、合意が出来上がってきたのである。

合意形成のためには、時には全体の整合がとれていなくとも可能な限り多くの要望を取り入れることも行われる。辛口の人は、SDGsを皆の願い事を掲げたクリスマス・ツリーのようなものだと評することもある。

2030アジェンダのパラグラフ18には、「すべての国はその固有の財産、自然資源及び経済活動に対して恒久の主権を有しており、またその権利を自由に行使することを確認する。」と記されているが、持続可能な開発のためには資源を「自由に」でなく「自制的に」使ってほしいという考えもあったに違いない。

また、SDGsの随所に「必要に応じた」、「各国法に従い」、「各国の状況に応じて」といった記述が見られるが、これらの表現は、あるターゲットを十分に実行できないかもしれない諸国は「無理をせず、できる範囲でやればよい」という意味である。

例えばターゲット12・cで化石燃料に対する非効率な補助金を「各国の状況に応じて」合理化するというのは、各国の間に大きな差が出てくることも容認するということである。しばらくの間は化石燃料からの脱却が難しいと考える国にとってはありがたい記述だが、化石燃料廃止を強く唱える人たちから見れば、これは実に不十分な目標であろう。

3 The SDGs have compromises

Earlier, I mentioned that the SDGs are the product of a long process of discussion and achievement. In the course of these discussions, many participating governments, NGOs, private organizations, international organizations, and others expressed a vast number, some of them contradictory, of requests and opinions, and as a result of these negotiations, an agreement was reached.
In order to reach consensus, sometimes as many requests as possible are incorporated, even if they are not in total agreement. Some trenchant critics have described the SDGs as being like a Christmas tree with everyone's wishes on it.

Paragraph 18 of the 2030 Agenda states, "We reaffirm that every State has, and shall freely exercise, full permanent sovereignty over all its wealth, natural resources, and economic activity". There should have been claims that resources should not be used "freely" but "restrainedly" for the sake of sustainable development.
In addition, throughout the SDGs, phrases such as "as appropriate", "in accordance with national laws," and "in line with national circumstances" are found. These expressions mean that countries that may not be able to fully implement a certain target may "take it easy and do as much as they can".

For example, the rationalization of inefficient fossil fuels subsidies "in accordance with national circumstances" in Target 12.c means that it is acceptable that there will be large differences among countries. While this is a welcome statement for countries that find it difficult to move away from fossil fuels for some time, from the perspective of those who strongly advocate fossil fuel abolition, this would indeed be an inadequate target.

また、再生可能エネルギーの割合を「大幅に」拡大させる、廃棄物の放出を「大幅に」削減するなど、目標とすべき数値目標について合意できなかったために「大幅に」（substantially）という表現で妥協が図られた箇所も多い。（ＳＤＧｓには「大幅に」という表現が11ケ所も現れる。）

その上、多くの先進国も開発途上国も、ＳＤＧｓの各目標やターゲットの中で問題や困難があると考える部分について、自国なりの解釈を宣言し、懸念を述べ、或いは留保を付して事務局に提出し、これが受け入れられているのだ。このような妥協があったことに不満を持つ向きもある。

ある理想を強く支持する人たちから見ると、先に述べたようなＳＤＧｓの記述は不十分と映るかもしれない。しかし、政治体制、文化、宗教や開発状況が大きく異なる多くの国からなる国連で大きな合意を目指すには、各国の事情に配慮して一定の事項については達成目標に幅を持たせるなどして、より多くの同意を得ることも必要である。そういった柔軟さが全く認められなければ、ＳＤＧｓに参加する国は少数にとどまり、とても人類全体の目標とはならなかったに違いない。

一定の妥協をせざるを得なかったにせよ、今私たちが目にしているＳＤＧｓという大きな人類の目標がすべての国連加盟国の間で合意されたのは、すごいことだと思う。私たち一人ひとりは、ＳＤＧｓのそういった限界を捉えて疎んじたりするのではなく、自らの信じるところに従って、前述のとおり「自分事」としてＳＤＧｓの達成に取り組んでいくことが大切であるというのが、筆者の考えである。

Also, in many places, the word "substantially" was used as a compromise because the parties could not agree on the numerical targets, such as "substantially" increasing the share of renewable energy and "substantially" reducing waste emissions. (The word "substantially" appears in 11 places in the SDGs.)
Moreover, many developed and developing countries declared their own interpretations of what they consider to be problematic or difficult parts of the SDGs goals and targets, expressed their concerns, or submitted their reservations to the Secretariat, which have been accepted. Some may be dissatisfied with the compromises that have been made.

From the point of view of those who strongly support certain ideals, the phrases of the SDGs as described above may seem inadequate. However, in order to reach a major agreement in the United Nations, which is composed of many countries with widely different political systems, cultures, religions, and development situations, it is necessary to take into account the circumstances of each country, and to obtain agreement from as many countries as possible on certain items, by broadening the range of goals and targets to be achieved. If such flexibility had not been allowed at all, only a few countries would have participated in the SDGs, and they would not have become the goals of humanity as a whole.

Even if certain compromises had to be made, I think it is amazing that the SDGs, the big human goals we are seeing today, were agreed upon among all UN member states. It is my opinion that it is important for each of us to work toward the achievement of the SDGs as "our own business", as mentioned before, according to our own beliefs, and not to be dismissive of these limitations of the SDGs.

4 SDGsに書かれていない課題も考える

SDGsは、これまで長い期間をかけて議論されてきた開発、保健・衛生、教育、労働、ジェンダー、環境、人権など世界がかかえる非常に多くの課題についての目標が満載されている。

2030アジェンダではSDGsの重要な分野として5つのP（①People（人間）、②Prosperity（繁栄）、③Planet（地球）、④Peace（平和）、⑤Partnership（パートナーシップ））が掲げられている。「平和」に関しては、2030アジェンダの前文に「平和なくして持続可能な開発はあり得ず、持続可能な開発なくして平和もあり得ない」とまで書いてある。それにもかかわらず、多くの人が取り組むべきと考えている紛争の平和的解決、核兵器不拡散や軍縮・軍備管理、安全保障理事会を含む国連の改革など、国際平和にとって不可欠の分野について、SDGsではほとんど触れられていない。

世界共通の目標であるはずの民主主義に関しては、わずかに「基本的自由を保障する」（ターゲット16・10）とある位で、自由な選挙、表現の自由、宗教の自由など民主主義の根幹に当たる主要な原則も、これらの原則をどうやって実現し、どのように評価するかも書かれていない。人びとの幸福に不可欠なはずの文化や芸術にもほとんど言及がない。

こういった諸課題が持続可能な開発に無関係なわけがないのだが、国連では国際平和にかかわる問題を持続可能な開発ではなく政治・安全保障という別のカテゴリーに分類している。SDGsの主要分野はあくまで開発や環境であるなどの意見があって、平和を含む世の中の森羅万象を必ずしもSDGsに含めていないのである。

4 Consider issues not mentioned in the SDGs

The SDGs are filled with goals and targets for a great many issues facing the world, including development, health and sanitation, education, labor, gender, environment, and human rights, which have been discussed over a long period of time.

The 2030 Agenda identifies five "P"s; ((1) People, (2) Prosperity, (3) Planet, (4) Peace, and (5) Partnership) as key areas of the SDGs. Regarding "Peace," the preamble to the 2030 Agenda even states, "There can be no sustainable development without peace and no peace without sustainable development". Nevertheless, the SDGs make little mention of areas essential for international peace, which many believe should be addressed, such as peaceful resolution of conflicts, nuclear non-proliferation, disarmament and arms control, and reform of the United Nations, including the Security Council. With regard to democracy, which is supposed to be a universal goal, the SDGs only mention "protect fundamental freedoms" (Target 16.10), but do not describe the key principles underlying democracy, such as free elections, freedom of expression, and freedom of religion, nor how these principles will be realized and evaluated. There is almost no mention of culture and the arts, which are supposed to be essential for people's well-being.

These are not unrelated to sustainable development, but the UN has placed issues related to international peace in a separate category called political and security matters, not sustainable development. There is also the opinion that the main areas of the SDGs are only development and environment, and the whole issues of the world, including peace, are not necessarily included in the SDGs.

ＳＤＧｓ作成に関与した政府やＮＧＯの人たちが、今掲げた諸課題を重要でないと考えたわけではないし、ＳＤＧｓが不十分で中途半端だとあげつらってもあまり意味はない。ＳＤＧｓの達成は非常に重要であるからだ。

それでも筆者としては、世界にはＳＤＧｓに書かれていること以外にも極めて重要な課題がたくさんあると常に心して、自らこういった課題を探し出し、これらも自分事として考え、行動していく気構えが必要であることを想起してほしいのである。

なおこの関連で、気候変動に関する目標13は、ＳＤＧｓの重要分野であるにもかかわらずターゲットは5つしかなく、他の目標とバランスを欠いているように見えるかもしれないが、次のように、時間の制約とプロセスの違いという事情があったためやむを得なかったことを付記しておきたい。

ＳＤＧｓの交渉に当たっていた作業部会が作業を終えて報告書を提出する期限は２０１４年９月、そしてＳＤＧｓを含むアジェンダが決定されるのが２０１５年９月の国連総会と定まっていた。一方で、気候変動については、気候変動枠組条約というＳＤＧｓとは別のプロセスで交渉されていて、かつ２０１５年12月のパリにおける締約国会議で、今後の枠組みが合意されるというスケジュールで動いていた。そのため当時は未だ結果の見えていない気候変動枠組条約の成果をＳＤＧｓにあらかじめ盛り込むことができず、目標13には突っ込んだ記述ができなかったという次第である。そこで、目標13のみ、「国連気候変動枠組条約（ＵＮＦＣＣＣ）が、気候変動への世界的対応について交渉を行う基本的な国際的、政府間対話の場であると認識している。」という注釈がつけられたのであった。

This is not to say that the governments and NGOs involved in the creation of the SDGs considered the issues raised above to be insignificant, and it does not make much sense to criticize the SDGs as insufficient or incomplete, since achieving the SDGs is very important. Nevertheless, I would like to remind you that there are many other extremely important issues in the world besides those described in the SDGs, and that you must be ready to seek out these issues, consider them as your own, and act on them.

In this connection, Goal 13 on climate change, being an important part of the SDGs, has only five targets and may appear to be out of balance with the other goals, but it is important to note that this was unavoidable, due to time constraints and differences in process, as shown below.

The deadline for the working group negotiating the SDGs to complete its work and submit its report was set for September 2014, and the UN General Assembly in September 2015 was to decide on an agenda that includes the SDGs. On the other hand, climate change was being negotiated in a process separate from the SDGs called the Framework Convention on Climate Change, and a future framework was scheduled to be agreed upon at the Conference of the Parties in Paris in December 2015. Therefore, it was not possible to include the results of the Framework Convention on Climate Change negotiation, the outcome of which was yet to be seen, and to include an in-depth description in Goal 13. That is the reason why Goal 13 has an annotation which says; "Acknowledging that the United Nations Framework Convention on Climate Change is the primary international, intergovernmental forum for negotiating the global response to climate change."

5 SDGsをより良きものに／SDGs2.0を目指して

SDGsは世界の主要な課題と進むべき方向と具体的目標を記しており、それを実現するための実施手段についても、目標17に一定の記述はあるものの、すべてのターゲットに詳細な処方箋を示しているわけではなく、各目標のターゲットの終わりのほうにある、アルファベットがつけられたところに、少し書かれているだけだ。

例えば目標1「あらゆる場所のあらゆる形態の貧困を終わらせる」ために、どれだけの資源（資金）をどのような「政策的枠組み」で活用するのかは、書かれていない。ここから先は、各国や各人がそれぞれの状況を踏まえ、できることを着実に、工夫を凝らして実施していくことが期待されているのである。

また、SDGsが前述のように各国の事情に配慮し妥協した結果であることから、これを一層良きものにする余地があると考える人もいるだろう。筆者もたくさん意見があるが、ここでは2つだけ例を挙げたい。これには異なる考え方もあろうし、実現にはさまざまなハードルがあるだろうし、もちろん筆者の考えを押し付けるつもりはない。重要なのは、「SDGsは自分事」（→p102）に書いたとおり、SDGsをより効果的に達成するため、自分で考え自分の意見を持つことであり、読者の皆さんにはそれを実現すべく頑張ってほしいということである。

一つの例は移住労働者。SDGsでは、移住労働者が「送出、通過、目的地となる各々の国の発展に多く関連している」（2030アジェンダのパラグラフ29）など、移住労働を奨励しているように見える。移住労働に評価できる面があるのは当然であるが、一方で彼らが出身国である開発途上国に戻らず、その結果先進国で学んだ知識や技能が開発途上国のために生かされないことがある、そのため移住労働は開発途上国にとっては頭脳流出という負の効果ももたらしている、という視点が抜けているように見える。

5 Toward better SDGs and SDGs 2.0

The SDGs describe the world's major challenges, the direction in which they should go, and specific targets, and while there is some description of the means of implementation to realize them in Goal 17, there are no detailed prescriptions for all targets, but only a few at the end of each goal, marked with alphabetic letters.
For example, it does not say how many resources (funds) and in what "policy framework" will be used to "end poverty in all its forms everywhere" in Goal 1. It is expected that each country and each individual will steadily and ingeniously implement what they can, based on their own circumstances.

Some may also believe that there is room to make the SDGs even better, given that they are the result of compromises made in consideration of each country's circumstances, as mentioned before. I have many opinions, but I would like to give just two examples. There may be different ways of thinking about this, there may be various hurdles to realization, and of course I do not intend to impose my own ideas.
What is important is, as I wrote in "The SDGs are our business" (→ page102), to think for yourself and have your own opinions in order to achieve the SDGs more effectively, and I hope that all readers will do their best to realize them.

One example is migrant workers: the SDGs appear to encourage migrant labor, as "international migration is a multidimensional reality of major relevance for the development of countries of origin, transit and destination" (paragraph 29 of the 2030 Agenda). While there are aspects of migrant labor that can be appreciated, it also seems to be missing the perspective that there are many migrant workers who do not return to their countries of origin, and as a result, the knowledge and skills they have learned in developed countries may not be utilized for the benefit of developing countries, and therefore migrant labor also has a negative effect on developing countries in that it causes a brain drain.

また、開発途上国の抱える諸問題の解決策の一つが人口抑制であることは、多くの開発専門家の意見が一致するところであるが、機微な問題を含むのでSDGsには明確な記載はない。

SDGs達成のため、ぜひ世界と共有してほしい、できればSDGsに盛り込んでほしかった日本の取り組みも多い。

「もったいない精神」、徹底した分別ゴミの対策と実践、国民皆保険、母子手帳、職場のQCサークルなどは、すぐれた日本の取り組みとして良く知られている。

さらに国際協力面では、日本がこれまで開発途上国に対して行ってきた開発協力をぜひモデルとしてほしいと考えている。

日本が力を入れて協力してきたアジア諸国は大いに発展したが、欧州が重点的に支援してきたアフリカは総じてうまくいかなかった。なぜだろうか。欧州諸国の多くは、ODAの対GNI比が日本より高い。SDGsではODAの対GNI比を0・7%にすることが目標となっているが、本当に大事なのはODAの金額の対GNI比よりも、実際にどのような開発効果があったかではなかろうか。アジアとアフリカの違いこそがその証左とも言えるのではないか、という問題意識である。

筆者はなぜこんなことを書いているのか。一つには、今私たちが目標としているSDGsを2030年までにより良く、より早く達成するためである。もう一つは、2030年以降を考えているからである。

SDGsが残り8年で目標を達成できるか否かにかかわらず、2030年頃の世界の情勢に鑑みて、世界は必ずや新たな課題を見出し、さらなる目標を設定するだろう。どんな形になるかは不明だが、SDGsを継ぐ何かしらの目標―ここでは仮にSDGs2・0と呼んでおこう―が作られるだろう。

In addition, many development experts agree that one of the solutions to the various problems faced by developing countries is population control, but it is not explicitly mentioned in the SDGs because it involves sensitive issues.

There are many initiatives of Japan which can be shared with the rest of the world and, if possible, included in the SDGs.

The "Mottainai Spirit," thorough waste separation measures and practices, universal health insurance, the Maternal and Child Health Handbook, and QC circles in the workplace are well known as excellent Japanese efforts.
Furthermore, in terms of international cooperation, Japan's development cooperation should serve as a model, in my view.

Asian countries with which Japan has cooperated with great effort have made great progress, while African countries that Europe has focused its support on have generally not fared well. Why is this? Many European countries expend higher ratio of GNI to ODA than Japan. Although the SDGs aim to achieve the target of 0.7 % of GNI for ODA, what is really important is the actual impact on development rather than the ratio of the amount of ODA to GNI. The difference between Asia and Africa can be proof of this.

Why am I writing this? For one thing, I would like the SDGs to be achieved better and faster. For another, because I am thinking beyond 2030.
Regardless of whether or not we achieve the goals in the remaining eight years, the world will surely find new challenges and set further goals, given the state of the world around 2030. It is not clear what form it will take, but some kind of successor to the SDGs - let's call it SDGs 2.0 - will be created.

よりよき世界のために、いや何より読者の皆さんが平和で、安全で、安心して、豊かに暮らせる世界を作るために、世界は、日本は、そして私たちは何をすべきかが、改めて問われ、政府関係者のみならずNGO、学会、企業、国際機関、いろいろな団体の意見と貢献が求められるのである。

8年後、読者の皆さんは社会の中で新たな課題に直面する立場にあるだろう。この意味で、皆さんは「SDGs2.0」策定の主役である。ぜひ今から、現在のSDGsを自分事として学び、実践し、上記のような日本のSDGsの姿と実践方法を考え、よりよきSDGsの施に貢献も体験し、「SDGs2.0」の策定と実施に貢献してほしい。

著者の言う「SDGs2.0」とは、私たちみんなが自分事として学び、実践するSDGsのことである。

The world, Japan, and ourselves will be asked once again what we should do to make the world a better place, one in which you, the reader, can live in peace, safety, security, and prosperity. The opinions and contributions of not only government officials, but also NGOs, academia, businesses, international organizations, and various other groups will be sought.

Eight years from now, you, the readers, will be in a position to face new challenges in society. In this sense, you will play a leading role in the formulation of the "SDGs 2.0". I would like you to learn and practice the current SDGs as your own, experience Japan's contribution as described above, think about better SDGs and how to put them into practice, and contribute to the formulation and implementation of "SDGs 2.0".
What I mean by "SDGs 2.0" is the SDGs that we all learn and practice as our own business.

SDGsが生まれるまで

SDGs（持続可能な開発）が2015年の国連総会で採択されたことはよく知られているが、この場でにわかに決まったわけではない。それに至るまで何十年もの間、国連をはじめとするいろいろなプロセスの中で行われてきた議論や合意がSDGsの土台となっているのである。

SDGsには17目標と169ターゲットという多くの課題が含まれている。開発、保健・衛生、教育、労働、ジェンダー、環境、人権などの課題であるが、これらの課題については、従来個別に議論されることが多かった。これらの課題が相互に関連する不可分の課題と認識し、これらを統合して人類全体の目指すべき新たな、そして大きな目標として打ち出されたのがSDGsである。

持続可能な開発（sustainable development）という名称のとおり、多くの課題をめぐるこれまでの議論の中でも、大きな流れを形作ってきたのは「持続可能性」特に「環境保護」と、「開発」即ち開発途上国の経済発展の2つであった。この2つが時に個別に、或いは共に議論され成果が積み重ねられてきたのである。ここではSDGsを来歴から深く理解するため、環境保護と開発をめぐる主要な流れに絞って簡単に振り返ってみたい。

1972年6月、スウェーデンの首都ストックホルムで、「かけがえのない地球（Only One Earth）」を標語として「国連人間環境会議」が開催された。人類を取り巻く環境が悪化していることに対応する必要があるという共通認識の下、100ケ国以上の政府やNGOsが参加し、会議の成果として「人間環境宣言」と「環境国際行動計画」が採択された。

How the SDGs were born

It is well known that the SDGs (Sustainable Development Goals) were adopted at the UN General Assembly in 2015, but they were not decided on this occasion out of the blue. The SDGs are based on discussions and agreements that took place in various processes, including the United Nations, over the decades leading up to their adoption.

The SDGs cover many issues: 17 goals and 169 targets. These issues include development, health and sanitation, education, labor, gender, environment, and human rights. They have traditionally been discussed separately. Recognizing that they are interrelated and inseparable, the SDGs have been formulated as new and major goals for humanity as a whole by integrating these issues.

As the name "sustainable development" implies, two major elements have been predominant in the discussions among others: "sustainability," especially "environmental protection," and "development," namely economic development of developing countries. These two issues have sometimes been discussed separately and sometimes together, and results have been accumulated. In order to gain a deeper understanding of the history of the SDGs, I would like to briefly review the major events surrounding "environmental protection" and "development".

In June 1972, the United Nations Conference on the Human Environment was held in Stockholm, the capital of Sweden, under the motto "Only One Earth". Based on a common understanding of the need to address the deteriorating environment surrounding humankind, governments and NGOs from over 100 countries participated in the conference, which resulted in the adoption of the "Declaration on the Human Environment" and the "International Action Plan for the Environment".

これらの文書には、天然資源や野生動物の保護、海洋汚染の防止、開発や国際協力の必要性、国際機関の役割など、後にSDGsに盛り込まれる課題のいくつかが既に記されている。これらの課題を実施するための機関として、同年の国連総会決議により「国連環境計画」（UNEP）が設立された。

また同じ年に、国際的な研究者の団体ローマクラブが「成長の限界」と題する報告を発表し、人口増加や環境破壊が続けば、石油など資源の枯渇と相まって人類の成長は限界に達すると警鐘を鳴らし、翌73年に第四次中東戦争をきっかけとする世界的な石油危機が発生するタイミングと重なったために、資源、環境問題に関する関心が世界的に高まることとなった。

１９８４年には、国連環境計画の決定に基づいて「環境と開発に関する世界委員会」が設置された。同委員会が１９８７年に纏めた報告書が「我ら共有の未来」（委員長を務めたノルウェー首相の名前をとって「ブルントラント報告」とも呼ばれる）である。この報告書が打ち出したのが「持続可能な開発」という考え方で、「将来の世代の欲求を満たしつつ、現在の世代の欲求をも満足させるような開発」と定義された。環境保護と開発は対立する二つの要請であって、環境保護にコストをかければ開発が阻害されるといった警戒感が、特に途上国の間で非常に強かったことに鑑みると、双方を目指すべきという「持続可能な開発」という発想は実に創造的で画期的なものであったと言えよう。

These documents already contain some of the issues that will later be included in the SDGs, such as the protection of natural resources and wildlife, the prevention of marine pollution, the need for development and international cooperation, and the role of international organizations. The United Nations Environment Programme (UNEP) was established by a UN General Assembly resolution in the same year as an agency to implement these tasks.

In the same year, the Club of Rome, an international association of researchers, published a report entitled "The Limits to Growth," warning that if population growth and environmental destruction continued, combined with the depletion of oil and other resources, human growth would reach its limits. Coincided with the global oil crisis triggered by the Yom Kippur War in the following year, 1973, this led to a worldwide increase in interest in resource and environmental issues.

In 1984, the World Commission on Environment and Development was established based on a decision by the UNEP. The report compiled by the Commission in 1987 was entitled "Our Common Future" (also known as the "Brundtland Report" after the Norwegian Prime Minister who chaired the Commission). The report proposed the concept of "sustainable development," which was defined as "development that satisfies the needs of the present generation while meeting the needs of future generations." Considering that environmental protection and development were thought to be two opposing imperatives, and that there was a strong sense of caution, especially among developing countries, that the costs of environmental protection would impede development, the idea of "sustainable development" as a means to achieve both was truly creative and groundbreaking.

報告書は、食料安全保障、エネルギー、平和などの課題も加わって、人間環境宣言の内容をさらに充実させるものであった。翌1988年には、国連環境計画と世界気象機関（WMO）により「気候変動に関する政府間パネル（IPCC）」が設置され、その後気候変動問題に関する大きな役割を担っていくこととなる。

こういった流れを受けて、1992年にはブラジルのリオデジャネイロで「国連環境開発会議」（別名「地球サミット」）が開催された。この会議には180以上の国、国際機関、NGOなどが参加し、「環境と開発に関するリオ宣言」、リオ宣言の行動計画である「アジェンダ21」の他、気候変動枠組み条約、生物多様性条約、森林原則声明も採択された。

その後も1997年に「国連環境開発特別総会」（ニューヨーク）、2002年に「持続可能な開発に関する世界首脳会議」（南アフリカのヨハネスブルグ）などで持続可能な開発のための議論が行われ、諸々の計画が採択されてきた。

さて、さまざまな国際会議で持続可能性（環境保護）と開発の双方の課題をとりあげつつも、時に環境保護に重点が置かれ、または開発が議論の中心になることがある。ここまで紹介してきた流れは、強いて言えば環境保護に軸足が置かれた印象の強い会議であった。

The report further enriched the Declaration on the Human Environment by adding issues such as food security, energy, and peace. The following year, in 1988, the UNEP and the World Meteorological Organization (WMO) established the Intergovernmental Panel on Climate Change (IPCC), which would go on to play a major role in climate change issues.

Against this background, the United Nations Conference on Environment and Development (also known as the "Earth Summit") was held in Rio de Janeiro, Brazil, in 1992. More than 180 countries, international organizations, and NGOs participated in the conference, which adopted the Rio Declaration on Environment and Development, Agenda 21, an action plan for the Rio Declaration, as well as the Framework Convention on Climate Change, the Convention on Biological Diversity, and the Rio Forest Principles.

Subsequently, discussions on sustainable development were held at the United Nations Special Session on Environment and Development (New York, 1997) and the World Summit on Sustainable Development (Johannesburg, South Africa) in 2002, and various plans were adopted.

While various international conferences have addressed both sustainability (environmental protection) and development issues, sometimes the emphasis has been on environmental protection, or development has been at the center of discussions. The events introduced so far give the strong impression that environmental protection has been the main focus of these conferences.

一方、開発についても、かねてから国連や主要先進国首脳会議、経済開発協力機構、世界銀行をはじめとする国際的な場で論じられてきた。早くも1961年の国連総会は60年代を「国連開発の10年」と宣言して途上国の成長促進や先進国による援助の拡大を唱え、1964年には「国連貿易開発会議（UNCTAD）」が、1966年には「国連開発計画（UNDP）」が創設された。

1970年には先進国が国民総生産の0・7%をODAに向ける目標が決められている。その後も途上国の対外債務問題への対応など多くの計画が打ち出されてきたが、以下では、近年の動きの中で特記すべき、SDGsにつながる会合を紹介しておきたい。

2000年に開催された国連ミレニアム・サミットでは、開発分野における国際社会共通の目標として国連ミレニアム宣言が採択された。同宣言と、それまでの開発に関する主な国際会議の成果を纏めて2001年に作られたのが「ミレニアム開発目標」（MDGs）である。しばしばSDGsの前身と言われるMDGsは、開発途上国の開発目標として、2015年を期限とする8つの分野（貧困・飢餓、初等教育、女性、乳幼児、妊産婦、疾病、環境、連帯）で目標を設定した。

途上国の開発についてはその後も2002年「国連開発資金国際会議」（メキシコのモンテレイで開催）、前述の2002年「持続可能な開発に関する世界首脳会議」、2015年の「国連開発資金国際会議」（エチオピアのアディスアベバ）などで国際的な議論が行われてきた。

Development, on the other hand, also has long been discussed in international fora, including the United Nations, summits of major industrialized countries, the Organization for Economic Cooperation and Development, and the World Bank. As early as 1961, the UN General Assembly declared the 1960s the "UN Development Decade" and advocated the promotion of growth in developing countries and the expansion of aid by developed countries. In 1964, the United Nations Conference on Trade and Development (UNCTAD) and in 1966 the United Nations Development Program (UNDP) were created.

In 1970, the goal was set for developed countries to direct 0.7% of their gross national product to ODA. Since then, many plans have been put forward, including those to address the external debt problems of developing countries. In the following, I would like to introduce some of the recent meetings and developments that deserve special mention and are linked to the SDGs.

At the UN Millennium Summit held in 2000, the UN Millennium Declaration was adopted as a common goal for the international community in the field of development. The Millennium Development Goals (MDGs) were produced in 2001 as a result of the Millennium Declaration and the outcomes of major international conferences on development up to that time. Often referred to as the predecessor of the SDGs, the MDGs set development goals for developing countries in eight areas (poverty and hunger, primary education, women, infants, maternity, disease, environment, and solidarity) with a deadline of 2015.

International discussions on the development of developing countries have been held since then at the 2002 "United Nations International Conference on Financing for Development" (held in Monterrey, Mexico), the aforementioned 2002 "World Summit on Sustainable Development," and the 2015 "United Nations International Conference on Financing for Development" (Addis Ababa, Ethiopia).

MDGsの期限まで残すところ3年となった2012年、ブラジルのリオデジャネイロで開催されたのが「国連持続可能な開発会議」（リオ＋20）であった。世界中から190近い国々の政府、NGO、国際機関や団体が参加したこの会議では、成果文書「我々の求める未来」が採択されたが、ここで決定されたことの一つが、持続可能な開発目標（SDGs）について政府間交渉のプロセスを立ち上げることであった。

ここに環境保護と開発という大きな2つの流れを統合する大きな目標を策定することになったのである。筆者は当時リオデジャネイロ総領事を勤めていたが、成果文書の交渉はあっけないほど簡単に終わってしまい（したがってあまり斬新な内容はなかったが）、唯一目を見張ったのがSDGsの交渉プロセス開始であった。

その背景としては、MDGsが一定の成果を上げたものの、サハラ以南のアフリカをはじめとして未達成の目標が残されていたことや、環境問題などの世界的な課題に対する関心が高まるとともに、企業・市民団体などの果たす役割や影響力が高まってきたことなどが挙げられよう。

こうして始まったSDGs（当初、MDGsの後継という意味を込めて「ポスト2015年開発アジェンダ」と呼ばれていた）の交渉は2013年から開始されたが、特記すべきは各国の政府による交渉のみならず、広く民間企業、NGO、学会などの意見を聴く機会が設けられたことである。2014年7月には政府間の作業部会でSDGsの中身について実質的な合意ができあがり、2015年9月の国連総会で、「我々の世界を変革する：持続可能な開発のための2030アジェンダ」と題する国連総会決議（A／RES／70／1。通称「2030アジェンダ」）として採択されるに至ったのである。

In 2012, with only three years remaining before the MDGs deadline, the United Nations Conference on Sustainable Development (Rio+20) was held in Rio de Janeiro, Brazil. The conference, attended by nearly 190 governments, NGOs, international organizations, and associations from around the world, adopted the outcome document "The Future We Want," and one of the decisions made at the conference was to launch an intergovernmental negotiation process on the Sustainable Development Goals (SDGs).

Here, it was decided to formulate major goals that would integrate the two major trends of environmental protection and development. I was serving as Consul General in Rio de Janeiro at the time, and while the negotiation of the outcome document went off without a hitch (and thus did not contain much novel content), the only thing that caught my attention was the launch of the SDGs negotiation process.

This is due to the fact that although the MDGs had achieved a certain degree of success, there were still some unmet goals, including those in sub-Saharan Africa, and that as interest in global issues such as environmental problems increased, the role and influence of businesses and civil society organizations grew.

Negotiations for the SDGs (initially called the "Post-2015 Development Agenda" as a successor to the MDGs) began in 2013. It should be noted that opportunities were created not only for negotiations by national governments, but also to hear the opinions of the private sector, NGOs, and academia at large. In July 2014, the intergovernmental working group reached a substantial agreement on the content of the SDGs, which led to the adoption of a UN General Assembly resolution (A/RES/70/1, commonly known as the "2030 Agenda") entitled "Transforming our world: The 2030 Agenda for Sustainable Development" at the UN General Assembly in September 2015.

なお、私たちが普段目にするいわゆる「SDGs」はこの決議の一部分である。決議全体は、冒頭の「前文」、「宣言」（全体の哲学やビジョン）、「持続可能な開発目標（SDGs）とターゲット」（いわゆる「SDGs」。17の目標と169のターゲットからなる）、「実施手段とグローバル・パートナーシップ」、「フォローアップとレビュー」の5つの部分から構成されている。ネットで簡単に閲覧できるので、SDGsの哲学や全体像を知るため、決議全体に目を通すことをお薦めする。

The so-called “SDGs” are part of this resolution. The entire resolution consists of five parts: the “Preamble”, the “Declaration” (overall philosophy and vision), the “Sustainable Development Goals (SDGs) and Targets” (the so-called “SDGs,” consisting of 17 goals and 169 targets), the “Implementation Measures and Global Partnership”, and the “Follow-up and Review”. It can be easily viewed on the Internet. I would like to recommend you read through the entire resolution to get an idea of the philosophy and overall picture of the SDGs.

あとがき

これまでＳＤＧｓを日本国内でより広くより深く知ってほしいとの思いから、講演や執筆をしてきたが、おかげで一つ大きな発見をした。それは、ＳＤＧｓの基本的な精神や目標は、既に私たち日本人が慣れ親しんできた精神と相通じるものがあるということ。自然を征服するのでなく自然と共生してきた日本人の生き方は、目標13「気候変動に具体的な対策を」、14「海の豊かさを守ろう」、15「陸の豊かさも守ろう」と同じである。

「ｍｏｔｔａｉｎａｉ（勿体ない）」や「ｋａｉｚｅｎ（改善）」は今や世界共通語になっているが、これは目標12「つくる責任　つかう責任」のことではないか。そして、日本で商人の理念と言われている「三方よし」。「売り手」、「買い手」、「世間」のいずれにとっても利益をもたらすべきという心構えであるが、何事をするにも自分と相手がともに満足し、さらに世界、自国、共同体、家族や仲間たちにも利益をもたらすような行動を心がけよう、というＳＤＧｓの理念そのものである。

このようにＳＤＧｓは、遠いところから降ってきた規則のようなものではなく、長きにわたって私たちが大切にしてきた信条と共通の土台に立つものと言える。その意味でもＳＤＧｓは私たち一人一人にとって「自分事」なのである。

Afterword

I have been giving lectures and writing about the SDGs in the hope of making them more widely and deeply known in Japan, and thanks to this, I have made one major discovery. The basic spirit and goals of the SDGs have something in common with the spirit that we Japanese are already familiar with. The Japanese way of life, "living in harmony with nature rather than conquering it", is the same as Goals 13 (climate action), 14 (life below water), and 15 (life on land).
"Mottainai" and "kaizen" have become universal phrases. Aren't they exactly the same as Goal 12 (responsible consumption and production)!? There is a moral for Japanese merchants called "Sampo Yoshi (benefits for all three sides), which teaches that commerce should not only benefit the buyer and the vendor but also the society as a whole. The SDGs are the very essence of this moral, which expect us to act in a way that benefits your counterpart and yourself, as well as the world, your country, community, family, and colleagues.

In this way, the SDGs are not a set of rules that have fallen from the sky, but rather stand on common ground with our long-held principles. In this sense, the SDGs are "ours".

本書にいくつも挟み込んだコラムのとおり、本書で読者の皆さんに伝えたかったのは、ＳＤＧｓが「自分事」であるということ。「自分事」は本書を読んだだけでは終わらない。その上で自分の問題意識を持ち、質問や議論をして自分の理解を深め、そして自分にできることを実行していく。本書がそのためのガイドブックとして役立つならば、著者にとって望外の幸せである。

本書の構想の段階からご賛同、ご支援をいただいたミネルヴァ書房の杉田啓三社長に深くお礼申し上げます。

また、これまでＳＤＧｓの本を何冊も一緒に書いてきた、友人の稲葉茂勝氏が、本書の企画・構成から入稿までを編集者として担当くださったことを感謝を込めて付記させていただきます。辛抱強く背中を押し続けてくださりありがとうございました。

なお、本書は著者の責任において書かれたものであって、所属する組織の見解や立場を述べたものではありません。

２０２２年11月

渡邉　優

As I have written in the columns in this book, what I wanted to convey to readers is that the SDGs are "our" issues. "Our" issues do not end with just reading this book. You need to be aware of your own issues, ask questions and engage in discussions to deepen your understanding, and then do what you can do.
If this book can serve as a guideline for this purpose, I will be more than happy.

I would like to express my deepest gratitude to Mr. Keizo Sugita, President of Minerva Shobo, for his endorsement and support of this book from its conception.
I would also like to thank my friend Mr. Shigekatsu Inaba, with whom I have written several books on the SDGs, for his helping me in everything from planning, composition and submission of this book as editor. Thank you very much for your patience and continued support.

Please note that this book was written under my responsibility and does not express the views or positions of the organizations to which I belong.

November 2022
Watanabe Masaru

SDGs Dictionary

Watanabe Masaru

Minerva Shobo

SDGsを英文で読むためのヒント

SDGsの随所に出てくる長い英文は、構造を整理するとよくわかります。

一つのコツは修飾語（句）という「枝葉」をカッコに入れて脇に置いて、主語・動詞・目的語という「幹」を見つけること。ターゲット1.4 (→右ページ)を例に考えてみましょう。

1.4. By 2030, ensure that all men and women, in particular the poor and the vulnerable, have equal rights to economic resources, as well as access to basic services, ownership and control over land and other forms of property, inheritance, natural resources, appropriate new technology and financial services, including microfinance

"in particular the poor and the vulnerable（貧困層及び脆弱層をはじめ）"は、all men and women（すべての男性及び女性）の修飾句です。最後の（, including microfinance、マイクロファイナンスを含む）はfinancial services（金融サービス）の修飾句ですので、取りあえずカッコに入れて忘れましょう。

SDGsの長い英文を読み解くもう一つのコツは、並列する語句に番号を振ることです。

ensure that all men and women have equal rights to～（すべての男性及び女性が～に対する平等な権利をもつことができるように確保する）の次に並んでいる権利の対象に番号を振っていくのです。

①economic resources, ②access to basic services, ③ownership and control over land and other forms of property, ④inheritance, ⑤natural resources, ⑥appropriate new technology, ⑦financial services　に対する権利、というわけです。

さあ、SDGsの英文にチャレンジしてみましょう！

1 NO POVERTY

NO POVERTY

End poverty in all its forms ➡p60 everywhere

1.1

By 2030, eradicate ➡p58 extreme poverty ➡p58 for all people everywhere, currently measured as people living on less than $1.25 a day ➡p62

1.2

By 2030, reduce at least by half ➡p65 the proportion ➡p65 of men, women and children of all ages ➡p63 living in poverty ➡p62 in all its dimensions ➡p60 according to national definitions ➡p54

1.3

Implement ➡p60 nationally appropriate social protection systems ➡p67 and measures ➡p62 for all, including floors ➡p60, and by 2030 achieve ➡p54 substantial coverage ➡p67 of the poor ➡p68 and the vulnerable ➡p68

1.4

By 2030, ensure ➡p57 that all men and women, in particular the poor ➡p68 and the vulnerable ➡p68, have equal rights ➡p57 to economic resources ➡p57, as well as access to ➡p54 basic services ➡p55, ownership ➡p64 and control ➡p55 over land and other forms of property ➡p65, inheritance ➡p60, natural resources ➡p63, appropriate new technology ➡p67 and financial services ➡p58, including microfinance ➡p62

※ ➡のページ数は、英文のノンブル（E54~E70）を示しています。

1.5

By 2030, build ➡p55 the resilience ➡p66 of the poor ➡p68 and those in vulnerable situations ➡p60 and reduce ➡p65 their exposure ➡p58 and vulnerability ➡p69 to climate-related extreme events ➡p55 and other economic ➡p57, social ➡p67 and environmental shocks ➡p57 and disasters ➡p56

1.a

Ensure ➡p57 significant ➡p67 mobilization ➡p62 of resources from a variety of ➡p54 sources, including through enhanced development cooperation ➡p56, in order to provide adequate ➡p54 and predictable ➡p64 means ➡p62 for developing countries ➡p56, in particular least developed countries ➡p61, to implement programmes ➡p64 and policies ➡p64 to end poverty in all its dimensions ➡p60

1.b

Create sound ➡p67 policy frameworks ➡p64 at the national, regional and international levels ➡p54, based on pro-poor ➡p65 and gender-sensitive ➡p59 development strategies ➡p56, to support accelerated investment ➡p61 in poverty eradication actions ➡p64

Poor living.

2 ZERO HUNGER

ZERO HUNGER

End hunger ➡p60, achieve food security ➡p58 and improved nutrition and promote sustainable ➡p67 agriculture

2.1

By 2030, end hunger and ensure access by all people, in particular the poor and people in vulnerable situations ➡p60, including infants ➡p60, to safe, nutritious ➡p63 and sufficient food all year round

2.2

By 2030, end all forms of malnutrition ➡p62, including achieving, by 2025, the internationally ➡p61 agreed targets on stunting ➡p67 and wasting ➡p69 in children under 5 years of age, and address the nutritional needs of adolescent ➡p54 girls, pregnant and lactating women ➡p64 and older persons

2.3

By 2030, double ➡p57 the agricultural productivity ➡p64 and incomes ➡p60 of small-scale ➡p67 food producers ➡p58, in particular women, indigenous peoples ➡p60, family farmers ➡p58, pastoralists ➡p64 and fishers ➡p58, including through secure and equal access to land, other productive resources ➡p64 and inputs ➡p66, knowledge ➡p60, financial services ➡p61, markets ➡p58 and opportunities ➡p62 for value addition ➡p69 and non-farm ➡p63 employment ➡p57

2.4

By 2030, ensure ➡p57 sustainable food production systems ➡p58 and implement ➡p60 resilient ➡p66 agricultural practices that increase productivity ➡p64 and production, that help maintain ➡p62 ecosystems, ➡p57 that strengthen capacity for adaptation ➡p54 to climate change, ➡p55 extreme weather ➡p58, drought, flooding ➡p58 and other disasters ➡p56 and that progressively ➡p65 improve land and soil ➡p67 quality

2.5

By 2020, maintain the genetic diversity ➡p59 of seeds, cultivated plants ➡p55 and farmed and domesticated animals ➡p58 and their related wild species ➡p65, including through soundly managed ➡p67 and diversified seed and plant banks ➡p66 at the national, regional and international levels, and promote access to and fair and equitable sharing ➡p58 of benefits arising from the utilization of genetic resources ➡p59 and associated traditional knowledge ➡p68, as internationally agreed

2.a

Increase investment ➡p61, including through enhanced international cooperation ➡p61, in rural infrastructure ➡p66, agricultural research and extension services ➡p54, technology development and plant and livestock gene banks ➡p64 in order to enhance agricultural productive capacity ➡p54 in developing countries ➡p56, in particular least developed countries ➡p61

2.b

Correct →p55 and prevent →p64 trade restrictions →p68 and distortions →p56 in world agricultural markets, including through the parallel →p64 elimination of all forms of agricultural export subsidies →p54 and all export measures →p58 with equivalent effect →p58, in accordance with the mandate of the Doha Development Round →p62

2.c

Adopt measures to ensure the proper functioning of food commodity markets →p58 and their derivatives and facilitate →p58 timely access to market information, including on food reserves →p58, in order to help limit extreme →p58 food price volatility →p58

Children waiting for food rations.

3 GOOD HEALTH AND WELL-BEING

GOOD HEALTH AND WELL-BEING

Ensure ➡p57 healthy lives and promote well-being ➡p69 for all at all ages

3.1

By 2030, reduce the global maternal mortality ratio ➡p62 to less than 70 per 100,000 live births ➡p61

3.2

By 2030, end preventable ➡p64 deaths of newborns ➡p63 and children under 5 years of age, with all countries aiming to reduce neonatal mortality ➡p63 to at least as low as 12 per 1,000 live births and under-5 mortality to at least as low as 25 per 1,000 live births

3.3

By 2030, end the epidemics ➡p57 of AIDS ➡p54, tuberculosis ➡p68, malaria ➡p62 and neglected tropical diseases ➡p63 and combat hepatitis ➡p59, water-borne diseases ➡p69 and other communicable diseases ➡p55

3.4

By 2030, reduce by one third premature mortality ➡p64 from non-communicable diseases ➡p63 through prevention ➡p64 and treatment ➡p68 and promote mental health ➡p62 and well-being ➡p69

3.5

Strengthen the prevention and treatment of substance abuse ➡p67, including narcotic drug abuse ➡p63 and harmful use of alcohol

パーセントの表現

ターゲット3.1には “70 per 100,000” という表現があります。日本語では「10万人当たり70人」。私たちがよく目にするのは「10万（人）当たり」ではなく「100（人）当たり」ですね。いわゆる百分率で、英語では “%” と記号で、或いは文字で “percent” または “per cent” と表記されることはご承知の通りです。

一方、ターゲット3.1に出てくる妊産婦死亡率などの保健衛生、また死亡率、犯罪発生率などの統計では「10万（人）当たり」が使用されることが多いので、SDGsに関するいろいろな文献を読むと “per 100,000” はしばしば出てきます。（なお、SDGsですべて「10万（人）当たり」）が使われているわけではありません。例えばターゲット14.5では、少なくとも沿岸域及び海域の10パーセントを保全する（conserve at least 10 per cent of coastal and marine areas）と、百分率が使われています。）

この他にしばしば出てくるのが、「千分率」（記号では‰、英文ではper mille）、つまり「1,000（人）当たり」。人口統計などで使われます。

また、大気中の汚染物質の濃度を示す等のために使われる百万分率（ppm）も頻出単語です。これは “parts per million” の略で、「百万当たりの」という意味です。例えば、“The airborne concentration of nitrogen dioxide is 0.04 ppm.”（空気中の二酸化窒素濃度は0.04ppmだ）という使い方です。こちらも環境問題の文脈でよくお目にかかる単語ですから、覚えておくと便利です。

3.6

By 2020, halve the number of global deaths and injuries from road traffic accidents ➡p66

3.7

By 2030, ensure ➡p57 universal access to sexual and reproductive health-care services, including for family planning ➡p58, information and education, and the integration of reproductive health into national strategies ➡p67 and programmes

3.8

Achieve ➡p54 universal health coverage ➡p68, including financial risk protection, access to quality essential health-care services ➡p65 and access to safe, effective, quality and affordable ➡p54 essential medicines ➡p58 and vaccines ➡p69 for all

3.9

By 2030, substantially ➡p67 reduce the number of deaths and illnesses from hazardous chemicals ➡p59 and air, water and soil pollution and contamination

3.a

Strengthen the implementation of the World Health Organization Framework Convention on Tobacco Control ➡p69 in all countries, as appropriate ➡p54

3.b

Support the research and development of vaccines and medicines for the communicable and non-communicable diseases that primarily affect developing countries, provide access to affordable essential medicines ➡p58 and vaccines ➡p69, in accordance with the Doha Declaration on the TRIPS Agreement and Public Health ➡p56, which affirms the right of developing countries to use to the full the provisions in the Agreement on Trade-Related Aspects of Intellectual Property Rights ➡p54 regarding flexibilities to protect public health ➡p65, and, in particular, provide access to medicines for all

3.c

Substantially ➡p67 increase health financing and the recruitment ➡p65, development, training and retention ➡p66 of the health workforce ➡p59 in developing countries ➡p56, especially in least developed countries ➡p61 and small island developing States ➡p67

3.d

Strengthen the capacity of all countries, in particular developing countries ➡p56, for early warning ➡p57, risk reduction ➡p66 and management of national and global health risks ➡p59

4 QUALITY EDUCATION

QUALITY EDUCATION

Goal 4 Ensure ➡p57 inclusive ➡p60 and equitable ➡p58 quality education and promote lifelong learning opportunities for all

4.1

By 2030, ensure ➡p57 that all girls and boys complete free, equitable and quality primary and secondary education ➡p64 leading to relevant and effective learning outcomes

4.2

By 2030, ensure ➡p57 that all girls and boys have access to quality early childhood development, care and pre-primary education ➡p64 so that they are ready for primary education

4.3

By 2030, ensure ➡p57 equal access for all women and men to affordable and quality technical, vocational and tertiary education, including university

4.4

By 2030, substantially ➡p67 increase the number of youth and adults who have relevant skills ➡p65, including technical and vocational skills ➡p67, for employment, decent jobs and entrepreneurship ➡p57

4.5

By 2030, eliminate ➡p57 gender disparities ➡p59 in education and ensure equal access to all levels of education and vocational training ➡p69 for the vulnerable ➡p68, including persons with disabilities ➡p64, indigenous peoples ➡p60 and children in vulnerable situations ➡p60

4.6

By 2030, ensure ➡p57 that all youth and a substantial proportion of adults, both men and women, achieve literacy ➡p61 and numeracy ➡p63

4.7

By 2030, ensure ➡p57 that all learners acquire the knowledge and skills needed to promote sustainable development ➡p67, including, among others, through education for sustainable development ➡p67 and sustainable lifestyles, human rights ➡p60, gender equality ➡p59, promotion of a culture of peace and non-violence, global citizenship ➡p59 and appreciation of cultural diversity ➡p56 and of culture's contribution to sustainable development ➡p67

4.a

Build and upgrade ➡p69 education facilities ➡p57 that are child, disability and gender sensitive and provide safe, non-violent, inclusive ➡p60 and effective ➡p57 learning environments for all

4.b

By 2020, substantially ➡p67 expand globally the number of scholarships ➡p66 available to developing countries ➡p56, in particular least developed countries ➡p61, small island developing States ➡p67 and African countries, for enrolment ➡p57 in higher education, including vocational training and information and communications technology ➡p60, technical, engineering ➡p57 and scientific programmes, in developed countries ➡p56 and other developing countries ➡p56

4.c

By 2030, substantially ➡p67 increase the supply of qualified teachers ➡p65, including through international cooperation ➡p61 for teacher training in developing countries, especially least developed countries ➡p61 and small island developing States ➡p67

An outdoor school.

SDGsを英文で読むためのヒント

”including”と”inclusive”

SDGsの文章には、何回も出てくる表現があります。“including” はその一つ。目標4だけでも、ターゲット4.5、4.7、4.bに現れます。4.5では、“for the vulnerable, including persons with disabilities, indigenous peoples and children in vulnerable situations”（障害者、先住民及び脆弱な立場にある子どもなど、脆弱層)とあり、“including” は「など」と訳されています。「～を含めて」と訳してもよいでしょう。ここでは、「脆弱層」という単語が障害者、先住民及び脆弱な立場にある子どもを含む（include）ことを明確にするために、これらを例示しているのです。4.7でも、「知識及び技能を習得する」ための方法として、“education for sustainable development and sustainable lifestyles, human rights, gender equality……”（持続可能な開発のための教育及び持続可能なライフスタイル、人権、男女の平等……の教育）といったメニューが、“including” の後に掲げられています。4.bでも「増加させるべき奨学金」の分野として、“vocational training and information and communications technology……”（職業訓練、情報通信技術など）が “including” に続いて例示されています。私たちが英文を書く時にも、使い勝手の良い単語なので、覚えておきましょう。

さて、SDGsには随所に “inclusive”（包摂的）という単語が出てきます。目標４そのものに「包摂的かつ公正な質の高い教育」と書かれています。”inclusive” は “including everyone”（皆を含む、つまり誰も取り残さない）という意味ですから、“include” や “including” と根っこの同じ単語だとわかります。これらの単語を一緒に覚えておくのも英文を読む際のコツです。

なお、2030アジェンダ全体を通して、includingは113ケ所、inclusiveは40ケ所、includeは７ケ所に出てきます。

5 GENDER EQUALITY

GENDER EQUALITY

Achieve gender equality and empower all women and girls

5.1

End all forms of discrimination ➡p56 against all women and girls everywhere

5.2

Eliminate ➡p57 all forms of violence against all women and girls in the public and private spheres ➡p67, including trafficking ➡p68 and sexual ➡p66 and other types of exploitation ➡p58

5.3

Eliminate ➡p57 all harmful ➡p59 practices ➡p64, such as child, early and forced marriage ➡p57 and female genital mutilation ➡p58

5.4

Recognize and value ➡p69 unpaid ➡p68 care and domestic work ➡p57 through the provision of public services ➡p65, infrastructure ➡p60 and social protection ➡p67 policies and the promotion of shared responsibility ➡p67 within the household ➡p59 and the family as nationally appropriate ➡p54

5.5

Ensure ➡p57 women's full and effective participation ➡p59 and equal opportunities for leadership at all levels of decision-making ➡p56 in political, economic and public life

5.6

Ensure ➡p57 universal access ➡p68 to sexual and reproductive health ➡p67 and reproductive rights ➡p66 as agreed in accordance with the Programme of Action of the International Conference on Population and Development ➡p65 and the Beijing Platform for Action ➡p55 and the outcome documents ➡p63 of their review conferences ➡p66

5.a

Undertake ➡p68 reforms ➡p65 to give women equal rights ➡p57 to economic resources ➡p57, as well as access to ownership ➡p64 and control over land and other forms of property ➡p65, financial services ➡p58, inheritance ➡p60 and natural resources ➡p63, in accordance with national laws

5.b

Enhance ➡p57 the use of enabling technology ➡p57, in particular information and communications technology ➡p60, to promote the empowerment ➡p57 of women

5.c

Adopt and strengthen sound policies and enforceable ➡p57 legislation ➡p61 for the promotion of gender equality ➡p59 and the empowerment ➡p57 of all women and girls at all levels ➡p54

6 CLEAN WATER AND SANITATION

CLEAN WATER AND SANITATION

Ensure availability and sustainable management of water and sanitation for all

6.1

By 2030, achieve ➡p54 universal and equitable ➡p58 access to safe and affordable drinking water ➡p66 for all

6.2

By 2030, achieve ➡p54 access to adequate ➡p54 and equitable ➡p58 sanitation ➡p66 and hygiene ➡p60 for all and end open defecation ➡p63, paying special attention to the needs of women and girls and those in vulnerable situations ➡p60

6.3

By 2030, improve water quality ➡p69 by reducing pollution ➡p64, eliminating ➡p57 dumping ➡p57 and minimizing ➡p62 release ➡p65 of hazardous chemicals ➡p59 and materials ➡p62, halving the proportion of untreated wastewater ➡p68 and substantially increasing recycling ➡p65 and safe reuse ➡p66 globally

6.4

By 2030, substantially ➡p67 increase water-use efficiency ➡p69 across all sectors and ensure sustainable withdrawals ➡p69 and supply ➡p67 of freshwater ➡p59 to address water scarcity ➡p69 and substantially reduce the number of people suffering from water scarcity

6.5

By 2030, implement ➡p60 integrated water resources management ➡p61 at all levels, including through transboundary ➡p68 cooperation as appropriate

6.6

By 2020, protect and restore water-related ecosystems ➡p69, including mountains, forests, wetlands ➡p69, rivers, aquifers ➡p54 and lakes

6.a

By 2030, expand international cooperation ➡p61 and capacity-building ➡p55 support to developing countries in water- and sanitation-related activities and programmes, including water harvesting ➡p69, desalination ➡p56, water efficiency ➡p69, wastewater treatment ➡p69, recycling and reuse technologies

6.b

Support and strengthen the participation of local communities ➡p62 in improving water and sanitation management

Drawing water from a well.

7 AFFORDABLE AND CLEAN ENERGY

AFFORDABLE AND CLEAN ENERGY

Ensure access to affordable, reliable, sustainable and modern energy for all

7.1

By 2030, ensure ➡p57 universal access ➡p68 to affordable ➡p54, reliable and modern energy services

7.2

By 2030, increase substantially the share of renewable energy ➡p65 in the global energy mix ➡p57

7.3

By 2030, double ➡p57 the global rate of improvement in energy efficiency ➡p57

7.a

By 2030, enhance ➡p57 international cooperation ➡p61 to facilitate access to clean energy ➡p55 research and technology, including renewable energy ➡p65, energy efficiency ➡p57 and advanced ➡p54 and cleaner fossil-fuel ➡p59 technology, and promote investment in energy infrastructure and clean energy ➡p55 technology

7.b

By 2030, expand ➡p58 infrastructure and upgrade ➡p69 technology for supplying modern and sustainable energy services for all in developing countries ➡p56, in particular least developed countries ➡p61, small island developing States ➡p67 and landlocked developing countries ➡p61, in accordance with their respective ➡p66 programmes of support

SDGsを英文で読むためのヒント

動詞＋目的語のセットで覚える

SDGs全体を読むと、大きくわけて、2030年に向けてしっかりと前向きに進めていこうという決意と、貧困など望ましくないことを減らしていこうという決意の２つにわけて考えることもできます。それぞれどのような英語で表現されているのでしょうか。

目標７には、ターゲット7.1から7.bまで、すべて前者つまり前向きの決意が並んでいます。以下の通りです。

7.1 “ensure universal access to affordable, reliable and modern energy services”（安価かつ信頼できる現代的エネルギーサービスへの普遍的アクセスを「確保する」）。

7.2 “increase substantially the share of renewable energy”（再生可能エネルギーの割合を大幅に「拡大させる」）。

7.3 “double the global rate of improvement in energy efficiency”（エネルギー効率の改善率を「倍増させる」）。

7.a “enhance international cooperation”（国際協力を「強化する」）。

7.b “expand infrastructure”（インフラを「拡大」）し、“upgrade technology”（技術を「向上」させる）。

SDGsの中には、この他にも、「持続させる」（sustain）、「達成する」（achieve）、「改善させる」（improve）、「促進する」（promote）、「強化する」（strengthen）など、前向きの行動を促す動詞が随所に出てきます。

それぞれの動詞が、どういった文脈で使われているのか、どのような単語を目的語としているのかに注目して読むことをお薦めします。動詞＋目的語のセットで覚えておくのです。“enhance international cooperation”（7.a）、“expand infrastructure”（7.b）、“upgrade technology”（7.b）といった具合です。

そうすると、それぞれの意味の微妙な違いがよく見えてきます。また自分で英文を書く時にも、場面に応じた相応しい動詞を使えるようになります。

8 DECENT WORK AND ECONOMIC GROWTH

DECENT WORK AND ECONOMIC GROWTH

Promote sustained, inclusive ➡p60 and sustainable ➡p67 economic growth, ➡p57 full and productive employment and decent work ➡p56 for all

8.1

Sustain ➡p67 per capita economic growth ➡p64 in accordance with national circumstances and, in particular, at least 7 per cent gross domestic product ➡p59 growth per annum ➡p64 in the least developed countries

8.2

Achieve ➡p54 higher levels of economic productivity ➡p57 through diversification ➡p56, technological upgrading and innovation ➡p60, including through a focus on high-value added and labour-intensive sectors ➡p59

8.3

Promote development-oriented ➡p56 policies that support productive activities, decent job creation ➡p61, entrepreneurship ➡p57, creativity ➡p55 and innovation ➡p60, and encourage the formalization and growth of micro-, small- and medium-sized enterprises ➡p62, including through access to financial services ➡p58

8.4

Improve progressively, through 2030, global resource efficiency in consumption ➡p55 and production and endeavour to decouple ➡p56 economic growth from environmental degradation ➡p57, in accordance with the 10-Year Framework of Programmes on Sustainable Consumption and Production ➡p68, with developed countries taking the lead ➡p69

8.5

By 2030, achieve ➡p54 full and productive employment ➡p59 and decent work ➡p56 for all women and men, including for young people and persons with disabilities ➡p64, and equal pay for work of equal value ➡p57

8.6

By 2020, substantially ➡p67 reduce the proportion of youth not in employment, education or training ➡p70

8.7

Take immediate and effective measures to eradicate ➡p58 forced labour ➡p58, end modern slavery ➡p67 and human trafficking ➡p60 and secure the prohibition and elimination ➡p57 of the worst forms of child labour ➡p70, including recruitment ➡p65 and use of child soldiers ➡p55, and by 2025 end child labour in all its forms ➡p60

8.8

Protect labour rights ➡p61 and promote safe and secure working environments ➡p66 for all workers, including migrant workers ➡p62, in particular women migrants, and those in precarious employment ➡p60

8.9

By 2030, devise ➡p56 and implement policies to promote sustainable tourism ➡p67 that creates jobs and promotes local culture and products

8.10

Strengthen the capacity of domestic ➡p57 financial institutions ➡p58 to encourage and expand access to banking ➡p55, insurance ➡p60 and financial services for all

8.a

Increase Aid for Trade ➡p54 support for developing countries ➡p56, in particular least developed countries ➡p61, including through the Enhanced Integrated Framework for Trade-related Technical Assistance to Least Developed Countries ➡p57

8.b

By 2020, develop and operationalize ➡p63 a global strategy for youth employment ➡p70 and implement the Global Jobs Pact ➡p59 of the International Labour Organization ➡p61

A homeless shelter.

9 INDUSTRY, INNOVATION AND INFRASTRUCTURE

INDUSTRY, INNOVATION AND INFRASTRUCTURE

Build →p55 resilient →p66 infrastructure →p60, promote inclusive →p60 and sustainable →p67 industrialization and foster innovation →p60

9.1

Develop quality, reliable, sustainable →p67 and resilient →p66 infrastructure →p60, including regional and trans-border infrastructure →p68, to support economic development and human well-being →p69, with a focus on affordable →p54 and equitable →p58 access for all

9.2

Promote inclusive →p60 and sustainable →p67 industrialization →p60 and, by 2030, significantly →p67 raise industry →p60's share of employment and gross domestic product →p59, in line with national circumstances, and double →p57 its share in least developed countries →p61

9.3

Increase the access of small-scale industrial and other enterprises, in particular in developing countries →p56, to financial services →p58, including affordable →p54 credit →p55, and their integration into value chains →p69 and markets →p62

9.4

By 2030, upgrade →p69 infrastructure →p60 and retrofit →p66 industries →p60 to make them sustainable →p67, with increased resource-use efficiency →p66 and greater adoption of clean and environmentally sound technologies and industrial processes, with all countries taking action →p67 in accordance with their respective capabilities

9.5

Enhance ➡p57 scientific research, upgrade ➡p69 the technological capabilities of industrial sectors in all countries, in particular developing countries ➡p56, including, by 2030, encouraging innovation ➡p60 and substantially ➡p67 increasing the number of research and development ➡p66 workers per 1 million people and public and private ➡p65 research and development spending

9.a

Facilitate ➡p58 sustainable ➡p67 and resilient ➡p66 infrastructure ➡p60 development in developing countries ➡p56 through enhanced financial, technological and technical support to African countries, least developed countries ➡p61, landlocked developing countries ➡p61 and small island developing States ➡p67

9.b

Support domestic ➡p57 technology development, research and innovation ➡p60 in developing countries ➡p56, including by ensuring a conducive ➡p55 policy environment for, inter alia ➡p61, industrial diversification ➡p60 and value addition ➡p69 to commodities ➡p55

9.c

Significantly ➡p67 increase access to information and communications technology ➡p60 and strive ➡p67 to provide universal and affordable ➡p54 access to the Internet in least developed countries ➡p61 by 2020

A robot guide at Expo 2020 Dubai.

10 REDUCED INEQUALITIES

REDUCED INEQUALITIES

Reduce inequality ➡p60 within and among countries

10.1

By 2030, progressively achieve ➡p54 and sustain ➡p67 income growth ➡p60 of the bottom 40 per cent of the population ➡p68 at a rate higher than the national average ➡p63

10.2

By 2030, empower and promote the social, economic and political inclusion ➡p60 of all, irrespective of age, sex, disability ➡p56, race, ethnicity ➡p58, origin ➡p63, religion or economic or other status

10.3

Ensure ➡p57 equal opportunity ➡p57 and reduce inequalities ➡p60 of outcome ➡p63, including by eliminating discriminatory ➡p56 laws, policies and practices and promoting appropriate legislation, policies and action in this regard

10.4

Adopt policies, especially fiscal, wage ➡p69 and social protection ➡p67 policies, and progressively achieve greater equality

10.5

Improve the regulation ➡p65 and monitoring ➡p62 of global financial markets ➡p59 and institutions and strengthen the implementation of such regulations

10.6

Ensure ➡p57 enhanced representation ➡p65 and voice ➡p69 for developing countries ➡p56 in decision-making ➡p56 in global international economic and financial institutions ➡p60 in order to deliver ➡p56 more effective, credible ➡p55, accountable ➡p54 and legitimate ➡p61 institutions ➡p60

10.7

Facilitate ➡p58 orderly ➡p63, safe, regular ➡p65 and responsible migration ➡p62 and mobility ➡p62 of people, including through the implementation of planned and well-managed migration policies ➡p62

10.a

Implement ➡p60 the principle of special and differential treatment ➡p67 for developing countries ➡p56, in particular least developed countries ➡p61, in accordance with World Trade Organization agreements ➡p69

10.b

Encourage ➡p57 official development assistance ➡p63 and financial flows ➡p58, including foreign direct investment ➡p58, to States where the need is greatest, in particular least developed countries ➡p61, African countries, small island developing States ➡p67 and landlocked developing countries ➡p61, in accordance with their national plans and programmes

10.c

By 2030, reduce to less than 3 per cent the transaction costs of migrant remittances ➡p68 and eliminate remittance corridors ➡p65 with costs higher than 5 per cent

11 SUSTAINABLE CITIES AND COMMUNITIES

SUSTAINABLE CITIES AND COMMUNITIES

Make cities and human settlements →p60 inclusive →p60, safe, resilient →p66 and sustainable →p67

11.1

By 2030, ensure →p57 access for all to adequate, safe and affordable →p54 housing and basic services and upgrade →p69 slums →p67

11.2

By 2030, provide access to safe, affordable →p54, accessible →p54 and sustainable →p67 transport systems →p68 for all, improving road safety →p66, notably by expanding public transport →p65, with special attention to the needs of those in vulnerable situations →p60, women, children, persons with disabilities →p64 and older persons →p63

11.3

By 2030, enhance →p57 inclusive →p60 and sustainable →p67 urbanization →p69 and capacity for participatory →p64, integrated and sustainable →p67 human settlement →p60 planning and management in all countries

11.4

Strengthen efforts to protect and safeguard →p66 the world's cultural and natural heritage →p56

11.5

By 2030, significantly →p67 reduce the number of deaths and the number of people affected and substantially →p67 decrease the direct economic losses relative to global gross domestic product caused by disasters →p56, including water-related disasters →p69, with a focus on protecting the poor and people in vulnerable situations →p60

11.6

By 2030, reduce the adverse per capita environmental impact ➡p54 of cities, including by paying special attention to air quality ➡p54 and municipal and other waste management ➡p69

11.7

By 2030, provide universal access to safe, inclusive ➡p60 and accessible ➡p54, green and public spaces ➡p59 ➡p65, in particular for women and children, older persons and persons with disabilities ➡p64

11.a

Support positive economic, social and environmental links between urban ➡p69, peri-urban ➡p64 and rural areas ➡p66 by strengthening national and regional development planning

11.b

By 2020, substantially ➡p67 increase the number of cities and human settlements ➡p60 adopting and implementing integrated policies and plans towards inclusion ➡p60, resource efficiency ➡p66, mitigation ➡p62 and adaptation ➡p54 to climate change ➡p55, resilience to disasters, and develop and implement ➡p60, in line with the Sendai Framework for Disaster Risk Reduction 2015–2030 ➡p66, holistic ➡p59 disaster risk management ➡p56 at all levels

11.c

Support least developed countries ➡p61, including through financial and technical assistance, in building sustainable ➡p67 and resilient ➡p66 buildings utilizing local materials ➡p62

12 RESPONSIBLE CONSUMPTION AND PRODUCTION

RESPONSIBLE CONSUMPTION AND PRODUCTION

Ensure ➡p57 sustainable ➡p67 consumption ➡p55 and production ➡p64 patterns

12.1

Implement ➡p60 the 10-Year Framework of Programmes on Sustainable Consumption and Production ➡p68 Patterns, all countries taking action, with developed countries taking the lead, taking into account the development and capabilities of developing countries

12.2

By 2030, achieve ➡p54 the sustainable ➡p67 management and efficient use of natural resources ➡p63

12.3

By 2030, halve per capita global food waste ➡p58 at the retail ➡p66 and consumer levels and reduce food losses ➡p58 along production and supply chains ➡p64, including post-harvest losses ➡p64

12.4

By 2020, achieve ➡p54 the environmentally sound management of chemicals ➡p55 and all wastes ➡p69 throughout their life cycle ➡p61, in accordance with agreed international frameworks ➡p54, and significantly ➡p67 reduce their release ➡p65 to air, water and soil in order to minimize ➡p62 their adverse impacts on human health and the environment

12.5

By 2030, substantially ➡p67 reduce waste generation ➡p69 through prevention ➡p64, reduction, recycling ➡p65 and reuse ➡p66

12.6

Encourage ➡p57 companies, especially large and transnational companies ➡p61, to adopt sustainable ➡p67 practices and to integrate sustainability information ➡p67 into their reporting cycle ➡p65

12.7

Promote public procurement ➡p65 practices that are sustainable, in accordance with national policies and priorities

12.8

By 2030, ensure ➡p57 that people everywhere have the relevant information and awareness ➡p54 for sustainable development and lifestyles in harmony with nature ➡p61

12.a

Support developing countries ➡p56 to strengthen their scientific and technological capacity to move towards more sustainable ➡p67 patterns of consumption and production

12.b

Develop and implement ➡p60 tools to monitor ➡p62 sustainable development ➡p67 impacts for sustainable tourism ➡p67 that creates jobs ➡p61 and promotes local culture and products

12.c

Rationalize ➡p65 inefficient ➡p60 fossil-fuel ➡p59 subsidies that encourage wasteful consumption ➡p69 by removing ➡p65 market distortions, in accordance with national circumstances, including by restructuring taxation and phasing out ➡p64 those harmful subsidies, where they exist, to reflect their environmental impacts, taking fully into account the specific needs and conditions of developing countries ➡p56 and minimizing ➡p62 the possible adverse impacts on their development in a manner that protects the poor and the affected communities

Piles of trash to be recycled.

形容詞や形容句に注目

ターゲット12.cをよく読んでください。持続可能でない生産や消費を制限するための取り組みが書かれているターゲットですが、制限すべき対象はどれも「形容詞＋名詞」という形で表されています。“inefficient fossil-fuel subsidies”（化石燃料に対する非効率な補助金）、“wasteful consumption”（浪費的な消費）、“harmful subsidies”（有害な補助金）、“adverse impacts”（悪影響）です。他の目標でも同様に、例えばターゲット14.6（漁業補助金についてのターゲット）では、禁止・撤廃されるべき対象は “fisheries subsidies which contribute to overcapacity and overfishing”（過剰漁獲能力や過剰漁獲につながる漁業補助金）であり、“subsidies that contribute to illegal, unreported and unregulated fishing”（違法・無報告・無規制漁業につながる補助金）と、形容句で限定されています。

SDGsの英文を読む際に留意しておきたいのは、補助金や消費がすべて問題であり制限されるべきとされている訳ではないことです。SDGs推進のために合理化したり廃止したりするといった制限を受けるべき補助金や消費が、限定的に書かれているのです。持続可能な開発のために、何が好ましくないことなのかを正確に見極めるためには、このような形容詞や形容句に注意して読むことが大切です。

CLIMATE ACTION

Take urgent action to combat climate change ➡p55 and its impacts ➡p60

13.1

Strengthen resilience ➡p66 and adaptive capacity ➡p54 to climate-related hazards ➡p55 and natural disasters ➡p63 in all countries

13.2

Integrate climate change measures ➡p55 into national policies, strategies and planning

13.3

Improve education, awareness-raising ➡p55 and human and institutional capacity on climate change ➡p55 mitigation, adaptation, impact reduction ➡p60 and early warning ➡p57

13.a

Implement ➡p60 the commitment ➡p55 undertaken by developed-country parties ➡p56 to the United Nations Framework Convention on Climate Change ➡p68 to a goal of mobilizing ➡p62 jointly $100 billion annually by 2020 from all sources ➡p67 to address the needs of developing countries in the context of meaningful mitigation actions and transparency on implementation and fully operationalize ➡p63 the Green Climate Fund ➡p59 through its capitalization ➡p55 as soon as possible

13.b

Promote mechanisms for raising capacity for effective climate change-related planning and management in least developed countries ➡p61 and small island developing States, ➡p67 including focusing on women, youth and local and marginalized communities ➡p62

Trends and forecasts of global average temperature (year 1856 to year 2100)

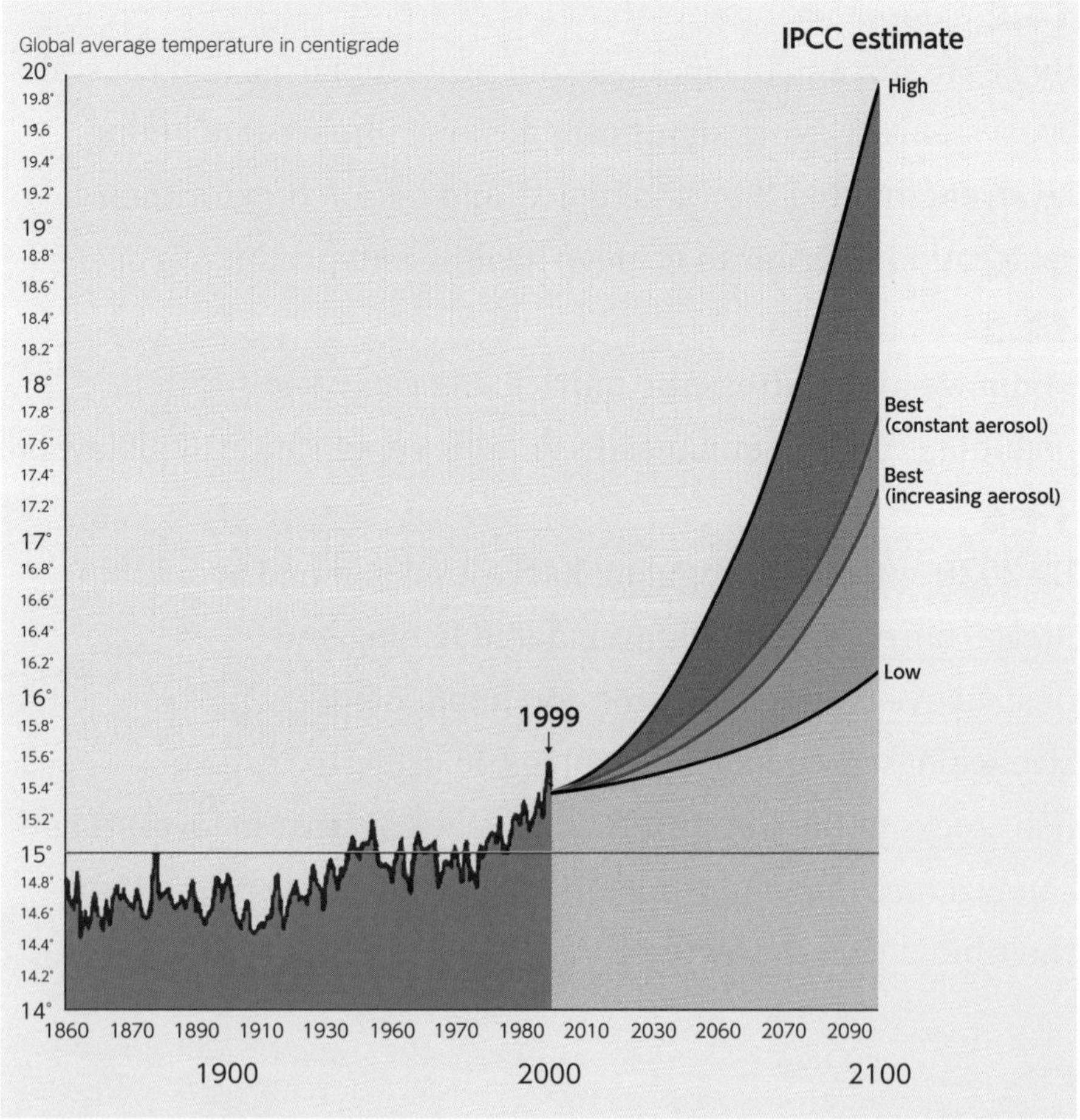

外務省資料より：出所“Vital Climate Graphics”国連環境計画/GRID-Arendalより　野村総合研究所作成

14 LIFE BELOW WATER

LIFE BELOW WATER

Conserve →p55 and sustainably use the oceans, seas and marine resources →p62 for sustainable development →p67

14.1

By 2025, prevent →p64 and significantly →p67 reduce marine pollution →p62 of all kinds, in particular from land-based activities →p61, including marine debris →p62 and nutrient →p63 pollution

14.2

By 2020, sustainably manage and protect marine and coastal →p55 ecosystems →p57 to avoid significant adverse impacts →p54, including by strengthening their resilience →p66, and take action for their restoration →p66 in order to achieve healthy and productive oceans

14.3

Minimize →p62 and address →p54 the impacts →p60 of ocean acidification →p63, including through enhanced scientific cooperation at all levels

14.4

By 2020, effectively regulate harvesting →p59 and end overfishing, illegal, unreported and unregulated fishing →p60 and destructive fishing practices →p56 and implement science-based management plans →p66, in order to restore →p66 fish stocks →p58 in the shortest time feasible →p60, at least to levels that can produce maximum sustainable yield as determined by their biological characteristics →p55

14.5

By 2020, conserve ➡p55 at least 10 per cent of coastal and marine areas ➡p55 ➡p62, consistent with national and international law and based on the best available scientific information

14.6

By 2020, prohibit certain forms of fisheries subsidies ➡p58 which contribute to overcapacity and overfishing ➡p64, eliminate subsidies that contribute to illegal, unreported and unregulated fishing ➡p60 and refrain from introducing new such subsidies, recognizing that appropriate and effective special and differential treatment ➡p67 for developing and least developed countries ➡p56 ➡p61 should be an integral part ➡p60 of the World Trade Organization fisheries subsidies negotiation ➡p70

14.7

By 2030, increase the economic benefits to small island developing States ➡p67 and least developed countries ➡p61 from the sustainable use of marine resources ➡p62, including through sustainable management of fisheries, aquaculture ➡p54 and tourism

14.a

Increase scientific knowledge ➡p61, develop research capacity and transfer marine technology ➡p62, taking into account the Intergovernmental Oceanographic Commission Criteria and Guidelines on the Transfer of Marine Technology ➡p61, in order to improve ocean health ➡p63 and to enhance ➡p57 the contribution of marine biodiversity ➡p62 to the development of developing countries ➡p56, in particular small island developing States ➡p67 and least developed countries ➡p61

14.b

Provide access for small-scale artisanal fishers ➡p67 to marine resources ➡p62 and markets ➡p62

14.c

Enhance ➡p57 the conservation and sustainable use ➡p67 of oceans and their resources by implementing international law ➡p61 as reflected in the United Nations Convention on the Law of the Sea ➡p68, which provides the legal framework ➡p61 for the conservation and sustainable use of oceans and their resources, as recalled in paragraph 158 of "The future we want" ➡p68

国際的な文書によく使われる表現

SDGsは幅広い分野で多くの目標達成を目指すものですが、それは国際的な約束や枠組みという既存のルールに従って、また場合により各国の事情を考慮しながら行われることになります。SDGsの全般にわたって、そのことを確認する表現が見られます。目標14を例にとると、ターゲット14.5は沿岸域及び海域の10パーセントを保全する際に、それが「国内法及び国際法に則り」(consistent with national and international law)、また「最大限入手可能な科学情報に基づいて」(based on the best available scientific information) 行われるべきこととされています。法を無視して、科学的データに依らずにむやみに保全すればよいわけではない、ということです。

同じような趣旨の表現は他にも見られます。いくつか例を挙げてみましょう。

ターゲット15.1は内陸生態系などの保全や回復を目指すものですが、それが「国際協定の下での義務に則って」(in line with obligations under international agreements) 行われるとされています。ターゲット12.7では、持続可能な公共調達が、「国内の政策や優先事項に従って」(in accordance with national policies and priorities) 行われるとしています。

ターゲット12.1では、持続可能な消費と生産に関する10年計画枠組みが「開発途上国の開発状況や能力を勘案しつつ」(taking into account the development and capabilities of developing countries) 実施されるとあります。

以上に挙げたように、何かに「準拠して」、「従って」、「勘案しつつ」といった表現はSDGsの随所に出てくるだけでなく、いろいろな国際的な文書にもよく使われるので、覚えておくと良いでしょう。

15 LIFE ON LAND

LIFE ON LAND

Protect, restore →p66 and promote sustainable use →p67 of terrestrial ecosystems →p68, sustainably manage forests, combat desertification →p56, and halt →p59 and reverse land degradation →p61 and halt →p59 biodiversity →p55 loss

15.1

By 2020, ensure →p57 the conservation →p55, restoration →p66 and sustainable use →p67 of terrestrial and inland freshwater ecosystems →p60 and their services, in particular forests, wetlands →p69, mountains and drylands →p57, in line with obligations under international agreements

15.2

By 2020, promote the implementation of sustainable →p67 management of all types of forests, halt deforestation →p59, restore →p56 degraded forests →p56 →p66 and substantially increase afforestation →p54 and reforestation →p65 globally

15.3

By 2030, combat desertification →p56, restore →p66 degraded land and soil →p67, including land affected by desertification, drought →p57 and floods →p58, and strive to achieve a land degradation-neutral world →p61

15.4

By 2030, ensure →p57 the conservation →p55 of mountain ecosystems →p62, including their biodiversity →p55, in order to enhance their capacity to provide benefits that are essential for sustainable development →p67

15.5

Take urgent and significant action to reduce the degradation ➡p56 of natural habitats ➡p63, halt ➡p59 the loss of biodiversity and, by 2020, protect and prevent the extinction ➡p58 of threatened species ➡p68

15.6

Promote fair and equitable sharing ➡p58 of the benefits arising from the utilization of genetic resources ➡p59 and promote appropriate access to such resources, as internationally agreed

15.7

Take urgent action to end poaching ➡p64 and trafficking ➡p68 of protected species of flora ➡p58 and fauna ➡p58 and address both demand ➡p56 and supply ➡p67 of illegal wildlife products ➡p69

15.8

By 2020, introduce measures to prevent the introduction and significantly reduce the impact of invasive alien species ➡p61 on land and water ecosystems ➡p61 ➡p69 and control ➡p55 or eradicate ➡p58 the priority species ➡p64

15.9

By 2020, integrate ecosystem ➡p57 and biodiversity ➡p55 values into national and local planning, development processes, poverty reduction strategies and accounts ➡p54

15.a

Mobilize ➡p62 and significantly ➡p67 increase financial resources ➡p58 from all sources ➡p67 to conserve and sustainably use biodiversity ➡p55 and ecosystems ➡p57

15.b

Mobilize ➡p62 significant resources ➡p66 from all sources ➡p67 and at all levels to finance ➡p58 sustainable forest management ➡p59 and provide adequate incentives to developing countries ➡p56 to advance such management, including for conservation ➡p55 and reforestation ➡p65

15.c

Enhance ➡p57 global support for efforts to combat poaching ➡p64 and trafficking ➡p68 of protected species ➡p65, including by increasing the capacity of local communities ➡p62 to pursue sustainable livelihood opportunities ➡p62

The dried-up Aral Sea and a ship left behind.

動詞の使われ方に注目

先に、SDGsの中には、前向きに事を進めていこうという決意と、貧困など望ましくないことを減らしていこうという決意の２つがあるとして、前者のグループに入る表現をいくつか紹介しました（→pE21）。

ここでは、目標15を例にとって後者の表現に注目してみましょう。

15.3 “combat desertification”（砂漠化に「対処し」）
15.5 “reduce the degradation of natural habitats”（自然生息地の劣化を「抑制し」）
15.5 “halt the loss of biodiversity（生物多様性の損失を「阻止し」）
15.7 “end poaching and trafficking”（密猟及び違法取引を「撲滅する」）
15.8 “prevent the introduction”（侵入を「防止する」）
“reduce the impact（影響を「減少させる」）
“control or eradicate the priority species”（優先種の「駆除」または「根絶を行う」）

このような、何らかの行動を制限する表現についても、先に述べたところと同様に、それぞれの動詞が、どういった文脈で使われ、どのような単語を目的語としているのかに注目して読むことによって、意味の微妙な違いがよく見えてくるとともに、自分で英文を書く時にも、場面に応じた相応しい動詞を使えるようになるのです。

16 PEACE, JUSTICE AND STRONG INSTITUTIONS

PEACE, JUSTICE AND STRONG INSTITUTIONS

Promote peaceful and inclusive ➡p60 societies for sustainable development ➡p67, provide access to justice ➡p61 for all and build effective, accountable ➡p54 and inclusive ➡p60 institutions ➡p60 at all levels

16.1

Significantly ➡p67 reduce all forms of violence and related death rates ➡p56 everywhere

16.2

End abuse ➡p54, exploitation ➡p58, trafficking ➡p68 and all forms of violence against and torture ➡p68 of children

16.3

Promote the rule of law ➡p66 at the national and international levels and ensure equal access to justice for all

16.4

By 2030, significantly ➡p67 reduce illicit financial and arms flows ➡p60, strengthen the recovery and return of stolen assets ➡p54 and combat all forms of organized crime ➡p63

16.5

Substantially ➡p67 reduce corruption ➡p55 and bribery ➡p55 in all their forms

16.6

Develop effective, accountable ➡p54 and transparent ➡p68 institutions ➡p60 at all levels

16.7

Ensure responsive ➡p57, inclusive ➡p66, participatory ➡p60 and representative ➡p64 decision-making ➡p66 ➡p56 at all levels

16.8

Broaden and strengthen the participation of developing countries ➡p56 in the institutions ➡p60 of global governance ➡p59

16.9

By 2030, provide legal identity ➡p61 for all, including birth registration ➡p55

16.10

Ensure ➡p57 public access to information and protect fundamental freedoms, in accordance with national legislation and international agreements

16.a

Strengthen relevant national institutions ➡p63, including through international cooperation, for building capacity at all levels, in particular in developing countries ➡p56, to prevent violence and combat terrorism ➡p68 and crime

16.b

Promote and enforce non-discriminatory ➡p63 laws and policies for sustainable development ➡p67

17 PARTNERSHIPS FOR THE GOALS

PARTNERSHIPS FOR THE GOALS

Strengthen the means of implementation ➡p60 and revitalize ➡p66 the global partnership ➡p59 for sustainable development ➡p67

17.1

Strengthen domestic resource mobilization, including through international support to developing countries ➡p56, to improve domestic capacity for tax and other revenue collection ➡p55

17.2

Developed countries ➡p56 to implement ➡p60 fully their official development assistance ➡p63 commitments ➡p55, including the commitment by many developed countries to achieve the target of 0.7 per cent of gross national income for official development assistance (ODA/GNI) to developing countries ➡p56 and 0.15 to 0.20 per cent of ODA/GNI to least developed countries ➡p61; ODA providers ➡p63 are encouraged to consider setting a target to provide at least 0.20 per cent of ODA/GNI to least developed countries ➡p61

17.3

Mobilize ➡p62 additional financial resources ➡p58 for developing countries ➡p56 from multiple ➡p63 sources

17.4

Assist developing countries ➡p56 in attaining long-term ➡p62 debt sustainability ➡p56 through coordinated policies aimed at fostering debt financing ➡p56, debt relief ➡p56 and debt restructuring ➡p56, as appropriate ➡p54, and address ➡p54 the external debt ➡p58 of highly indebted poor countries ➡p59 to reduce debt distress ➡p56

17.5

Adopt and implement investment promotion regimes ➡p61 for least developed countries ➡p61

17.6

Enhance ➡p57 North-South ➡p63, South-South ➡p67 and triangular ➡p68 regional and international cooperation ➡p61 on and access to science, technology and innovation ➡p66 and enhance knowledge-sharing on mutually agreed terms ➡p63, including through improved coordination among existing mechanisms, in particular at the United Nations level, and through a global technology facilitation mechanism ➡p68

17.7

Promote the development, transfer ➡p68, dissemination ➡p56 and diffusion ➡p56 of environmentally sound technologies to developing countries ➡p56 on favourable terms ➡p63, including on concessional and preferential terms ➡p63, as mutually agreed

17.8

Fully operationalize ➡p63 the technology bank ➡p67 and science, technology and innovation ➡p66 capacity-building ➡p55 mechanism for least developed countries ➡p61 by 2017 and enhance ➡p57 the use of enabling technology ➡p57, in particular information and communications technology ➡p60

17.9

Enhance ➡p57 international support for implementing effective and targeted ➡p67 capacity-building ➡p55 in developing countries ➡p56 to support national plans to implement all the Sustainable Development Goals, including through North-South, South-South and triangular cooperation ➡p63、➡p67、➡p68

17.10

Promote a universal, rules-based ➡p66, open, non-discriminatory ➡p63 and equitable ➡p58 multilateral trading system ➡p63 under the World Trade Organization ➡p69, including through the conclusion ➡p55 of negotiations under its Doha Development Agenda ➡p57

17.11

Significantly ➡p67 increase the exports of developing countries ➡p56, in particular with a view to doubling ➡p57 the least developed countries ➡p61' share of global exports ➡p59 by 2020

17.12

Realize timely implementation ➡p60 of duty-free ➡p57 and quota-free ➡p65 market access ➡p62 on a lasting basis ➡p63 for all least developed countries ➡p61, consistent with World Trade Organization ➡p69 decisions, including by ensuring that preferential rules of origin ➡p64 applicable to imports from least developed countries ➡p61 are transparent and simple, and contribute to facilitating market access

17.13

Enhance ➡p57 global macroeconomic ➡p62 stability, including through policy coordination ➡p64 and policy coherence ➡p55

17.14

Enhance ➡p57 policy coherence ➡p55 for sustainable development

17.15

Respect each country's policy space ➡p64 and leadership to establish and implement policies for poverty eradication ➡p64 and sustainable development ➡p67

17.16

Enhance ➡p57 the Global Partnership ➡p59 for Sustainable Development ➡p67, complemented ➡p55 by multi-stakeholder partnerships ➡p63 that mobilize and share knowledge, expertise ➡p58, technology and financial resources ➡p58, to support the achievement of the Sustainable Development Goals in all countries, in particular developing countries ➡p56

17.17

Encourage and promote effective public, public-private and civil society partnerships ➡p65, building on the experience and resourcing strategies ➡p66 of partnerships

17.18

By 2020, enhance ➡p57 capacity-building support to developing countries ➡p56, including for least developed countries ➡p61 and small island developing States ➡p67, to increase significantly the availability of high-quality ➡p59, timely ➡p68 and reliable ➡p65 data disaggregated ➡p56 by income, gender, age, race ➡p65, ethnicity ➡p58, migratory status ➡p62, disability ➡p56, geographic location ➡p59 and other characteristics relevant in national contexts ➡p65

17.19

By 2030, build on ➡p55 existing initiatives ➡p58 to develop measurements ➡p62 of progress on sustainable development ➡p67 that complement ➡p55 gross domestic product ➡p59, and support statistical ➡p67 capacity-building ➡p55 in developing countries ➡p56

Sunrise on earth.

English-Japanese Dictionary

【A】

a variety of さまざまな
abuse 虐待
access to ～へのアクセス
accessible 利用が容易な
according to national definitions 各国定義による
account 会計
accountable 説明責任のある
achieve 達成する
adaptation 適応
adaptive capacity 適応力
address 対処する、対応する
adequate 適切な
adolescent 若年の
advanced 先進的
adverse impact 悪影響
adverse per capita environmental impact 一人当たりの環境上の悪影響
affordable 安価な
afforestation 新規植林
agreed international framework 合意された国際的な枠組み
Agreement on Trade-Related Aspects of Intellectual Property Rights 知的所有権の貿易的側面に関する協定（TRIPS協定）
agricultural export subsidy 農産物輸出補助金
agricultural productive capacity 農業生産能力
agricultural research and extension services 農業研究・普及サービス
Aid for Trade 貿易のための援助
AIDS エイズ
air quality 大気の質
aquaculture 水産養殖
aquifer 帯水層
as appropriate 適宜、必要に応じ
as nationally appropriate 各国の状況に応じて
asset 財産
at all levels あらゆるレベルで
at the national, regional and international levels 国、地域及び国際レベルで
awareness 意識

awareness raising 啓発

【B】

banking 銀行取引

basic service 基礎的サービス

Beijing Platform for Action 北京行動綱領

biodiversity 生物多様性

biological characteristic 生物学的特性

birth registration 出生登録

bribery 贈賄

build 構築する

build on 前進させる

【C】

capacity building 能力構築

capacity for tax and other revenue collection 課税及び徴税能力

capitalization 資本の投入

chemical 化学物質

child soldier 児童兵士

clean energy クリーンエネルギー

climate change 気候変動

climate change measure 気候変動対策

climate-related extreme events 気候変動に関連する極端な気象現象

climate-related hazard 気候関連災害

coastal 沿岸の

coastal area 沿岸域

coherence 整合性、(首尾)一貫性

commitment コミットメント

commodity 商品

communicable disease 感染症

complement 補完する

conclusion 結果

conducive 資する(ところの)

conservation 保全

conserve 保全する

consumption 消費

control 名管理権限(ターゲット1.4)、動駆除する(ターゲット15.8)

correct 是正する

corruption 汚職

creativity 創造性

credible 信用力がある

credit 資金貸付

cultivated plant 栽培植物

A B C D E F G H I J K L M N O P Q R S T U V W X Y Z

cultural and natural heritage 文化遺産及び自然遺産

cultural diversity 文化多様性

【D】

death rate 死亡率

debt distress 債務リスク

debt financing 負債による資金調達

debt relief 債務救済

debt restructuring 債務再編

debt sustainability 債務の持続可能性

decent work 働きがいのある人間らしい仕事

decision-making 意思決定

decouple 分断する

deforestation 森林減少

degradation 劣化

degraded forest 劣化した森林

deliver 実現する

demand 需要

desalination 海水淡水化

desertification 砂漠化

destructive fishing practice 破壊的な漁業慣行

developed country 先進国

developed-country parties 先進締約国

developing country 開発途上国

development-oriented 開発重視型の

development cooperation 開発協力

development strategy 開発戦略

devise 立案する

diffusion 拡散

disability 障害

disaggregated 特性別の、非集計型の

disaster 災害

disaster risk management 災害リスク管理

discrimination 差別

discriminatory 差別的な

dissemination 普及

distortion 歪み

diversification 多様化

Doha Declaration on the TRIPS Agreement and Public Health 知的所有権の貿易関連の側面に関する協定（TRIPS協定）及び公衆の衛生に関するドーハ宣言

Doha Development Agenda ドーハ・ラウンド（DDA）

domestic 国内の

domestic work 家事労働

double 倍増させる

drought 干ばつ

dryland 乾燥地

dumping 投棄

duty-free 無税の

【E】

early and forced marriage 早期結婚・強制結婚

early warning 早期警告、早期警戒

economic 経済的

economic growth 経済成長

economic productivity 経済生産性

economic resource 経済的資源

ecosystem 生態系

education facility 教育施設

effective 効果的な

eliminate 排除する、撤廃する

elimination 撲滅

employment 雇用

empowerment 能力強化

enabling technology 実現技術

encourage 促進する、奨励する

energy efficiency エネルギー効率

energy mix エネルギーミックス

enforceable 拘束力のある

engineering 工学

enhance 強化する、促進する

Enhanced Integrated Framework for Trade-Related Technical Assistance to Least Developed Countries 後発開発途上国への貿易関連技術支援のための拡大統合フレームワーク（EIF）

enrolment 入学

ensure 確保する

entrepreneurship 起業

environmental degradation 環境悪化

environmental shock 環境的ショック

epidemic 伝染病

equal opportunity 機会均等

equal pay for work of equal value 同一労働同一賃金

equal right 平等な権利、同等の権利

A B C D E F G H I J K L M N O P Q R S T U V W X Y Z

equitable 平等な
equivalent effect 同等の効果
eradicate 終わらせる、根絶する
essential medicine 必須医薬品
ethnicity 民族
existing initiative 既存の取組
expand 拡大する
expertise 専門的知見
exploitation 搾取
export measure 輸出措置
exposure 暴露
external debt 対外債務
extinction 絶滅
extreme 極端な
extreme poverty 極度の貧困
extreme weather 極端な気象現象

【F】

facilitate 容易にする、促進する
fair and equitable sharing 公正かつ衡平な配分
family farmer 家族農家
family planning 家族計画
farmed and domesticated animal 飼育・家畜化された動物
fauna 動物種
female genital mutilation 女性性器切断
finance 名資金、動資金を調達する
financial flow 資金の流入
financial institution 金融機関
financial resource 資金源
financial services 金融サービス
fish stocks 水産資源
fisher 漁業者
fisheries subsidy 漁業補助金
flood, flooding 洪水
flora 植物種
food commodity market 食料市場
food loss 食料の損失
food price volatility 食料価格の変動
food producer 食料生産者
food production system 食料生産システム
food reserve 食料備蓄
food security 食料安全保障
food waste 食料の廃棄
forced labour 強制労働
foreign direct investment 海外直接投資

forest management 森林経営

fossil-fuel 化石燃料

freshwater 淡水

full and effective participation 完全かつ効果的な参画

full and productive employment 完全かつ生産的な雇用

【G】

gender disparity ジェンダー格差

gender equality ジェンダー平等

gender-sensitive ジェンダーに配慮した

genetic diversity 遺伝的多様性

genetic resources 遺伝資源

geographic location 地理的位置

global citizenship グローバル・シチズンシップ

global exports 世界の輸出

global financial market 世界金融市場

global governance グローバル・ガバナンス

Global Job Pact 仕事に関する世界協定

global partnership グローバル・パートナーシップ

Green Climate Fund 緑の気候基金

green space 緑地

gross domestic product 国内総生産（GDP）

【H】

halt 阻止する

harmful 有害な

harvesting 漁獲

hazardous chemical 有害化学物質

health risk 健康危険因子

health workforce 保健人材

hepatitis 肝炎

highly indebted poor country 重債務貧困国（HIPC）

high-quality 質の高い

high-value added and labour-intensive sectors 高付加価値セクターと労働集約型セクター

holistic 総合的な

household 世帯

human rights 人権
human settlement 人間居住
human trafficking 人身売買
hunger 飢餓
hygiene 衛生施設

【I】

illegal, unreported and unregulated fishing 違法・無報告・無規制（IUU）漁業
illicit financial and arms flow 違法な資金および武器の取引
impact 影響
impact reduction 影響軽減
implement 実施する、実践する
implementation 実施
in all its forms あらゆる形態の
in all its dimensions あらゆる次元の
in precarious employment 不安定な雇用状態にある
in the shortest time feasible 実現可能な最短期間で
in vulnerable situations 脆弱な状況にある
including floors 最低限の基準を含む
inclusion 包含
inclusive 包摂的
income 所得
income growth 所得成長率
indigenous people 先住民
industrial diversification 産業の多様化
industrialization 産業化
industry 産業
inefficient 非効率な
inequality 不平等
infant 幼児
information and communications technology 情報通信技術（ICT）
infrastructure インフラ
inheritance 相続財産
inland freshwater ecosystem 内陸淡水生態系
innovation イノベーション
input 投入財
institution 制度、公共機関、機関
insurance 保険
integral part 不可分の要素

integrated water resources management 統合水資源管理
inter alia とりわけ
Intergovernmental Oceanographic Commission Criteria and Guidelines on the Transfer of Marine Technology ユネスコ政府間海洋学委員会の基準・ガイドライン
international cooperation 国際協力
International Labour Organization 国際労働機関（ILO）
international law 国際法
internationally 国際的に
invasive alien species 外来種
investment 投資
investment promotion regime 投資促進枠組み

【J】

job 雇用
job creation 雇用創出
justice 司法

【K】

knowledge 知識

【L】

labour rights 労働者の権利
land-based activity 陸上活動
land degradation 土地の劣化
land degradation-neutral world 土地劣化に荷担しない世界
land ecosystem 陸域生態系
landlocked developing country 内陸開発途上国
large and transnational company 大企業や多国籍企業
least developed country 後発開発途上国
legal framework 法的枠組み
legal identity 法的な身分証明
legislation 法規
legitimate 正当な
life cycle ライフサイクル
lifestyle in harmony with nature 自然と調和したライフスタイル
literacy 読み書き能力
live birth 出生

livelihood opportunity 生計機会

living in poverty 貧困状態にある

living on less than $1.25 a day 1日1.25ドル未満で生活する

local community 地域コミュニティー

local materials 現地の資材

long-term 長期的な

【M】

macroeconomic マクロ経済の

maintain 維持する

malaria マラリア

malnutrition 栄養不良

mandate of the Doha Development Round ドーハ開発ラウンドの決議

marginalized community 社会的に疎外されたコミュニティー

marine area 海域

marine biodiversity 海洋生物多様性

marine debris 海洋堆積物

marine pollution 海洋汚染

marine resource 海洋資源

marine technology 海洋技術

market 市場

market access 市場アクセス

material 物質

maternal mortality ratio 妊産婦の死亡率

means 手段

measurement 尺度

measures 対策

mental health 精神保健

micro-, small-, and medium-sized enterprise 中小零細企業

microfinance マイクロファイナンス

migrant worker 移住労働者

migration 移住

migration policy 移住政策

migratory status 居住資格

minimize 最小化する

mitigation 緩和

mobility 流動性

mobilization 動員

mobilize 動員する

monitor 測定する

monitoring モニタリング

mountain ecosystem 山地生態系

multilateral trading system 多角的貿易体制

multiple 複数の

multi-stakeholder partnership マルチステークホルダー・パートナーシップ

【N】

narcotic drug abuse 薬物乱用

national average 国内平均

national institution 国家機関

natural disaster 自然災害

natural habitat 自然生息地

natural resources 天然資源

neglected tropical disease 顧みられない熱帯病

neonatal mortality 新生児死亡率

newborn 新生児

non-communicable disease 非感染性疾患

non-discriminatory 非差別的な

non-farm 非農業の

North-South cooperation 南北協力

numeracy 基本的計算能力

nutrient 富栄養化

nutritious 栄養のある

【O】

ocean acidification 海洋酸性化

ocean health 海洋の健全性

ODA provider ODA供与国

of all ages すべての年齢の

official development assistance 政府開発援助（ODA）

older person 高齢者

on a lasting basis 永続的な

on concessional and preferential terms 譲許的・特恵的条件の下で

on favourable terms 有利な条件の下で

on mutually agreed terms 相互に合意した条件において

open defecation 野外での排泄

operationalize 運用化する、始動させる

orderly 秩序のとれた

organized crime 組織犯罪

origin 出自

outcome 成果

outcome document 成果文書

overcapacity and overfishing 過剰漁獲能力及び過剰漁業

ownership 所有権、オーナーシップ

【P】

parallel 並行的な

participatory 参加型の

pastoralist 牧畜民

per annum 年率

per capita economic growth 一人当たり経済成長率

peri-urban area 都市周辺部

person with disabilities 障害者

phase out 段階的に廃止する

plant and livestock gene bank 植物・家畜のジーン・バンク

poaching 密猟

policy 政策

policy coordination 政策協調

policy framework 政策的枠組み

policy space 政策空間

pollution 汚染

post-harvest loss 収穫後損失

poverty 貧困

poverty eradication 貧困撲滅

poverty eradication actions 貧困撲滅のための行動

practice 慣行

pre-primary education 就学前教育

predictable 予測可能な

preferential rules of origin 特恵的な原産地規則

pregnant and lactating women 妊婦・授乳婦

premature mortality 若年死亡率

prevent 防止する

preventable 予防可能な

prevention 予防、防止

primary and secondary education 初等教育及び中等教育

priority species 優先種

production 生産

production and supply chain 生産・サプライチェーン

productive 生産的な

productivity 生産性

programme 計画

Programme of Action of the International Conference on Population and Development 国際人口・開発会議（ICPD）の行動計画

progressively 漸進的に

property 財産

pro-poor 貧困層に配慮した

proportion 割合

protected species 保護種

public and private 官民の

public health 公衆衛生

public procurement 公共調達

public, public-private and civil society partnership 公的、官民、市民社会のパートナーシップ

public service 公共のサービス

public space 公共スペース

public transport 公共交通機関

【Q】

qualified teachers 質の高い（資格を持つ）教員

quality essential health-care service 質の高い基礎的な保健サービス

quota-free 無枠の

【R】

race 人種

rationalize 合理化する

recruitment 採用、募集

recycling 再生利用

reduce 軽減する

reduce at least by half 少なくとも半減させる

reforestation 再植林

reform 改革

regular 規則的

regulation 規制

related wild species 近縁野生種

release 放出

relevant in national contexts 各国事情に関連する

relevant skill 技能

reliable 信頼性のある

remittance corridor 送金経路

remove 除去する

renewable energy 再生エネルギー

reporting cycle 定期報告

representation 参加

representative 代表的な

reproductive rights 生殖に関する権利

research and development 研究開発

resilience 強靭性

resilient 強靭な

resource 資源

resource efficiency 資源効率

resource-use efficiency 資源利用効率

resourcing strategy 資源戦略

respective 各々の

responsive 対応的

restoration 回復

restore 回復する

retail 小売り

retention 定着

retrofit 改善する

reuse 再利用

review conference 検証会議

revitalize 活性化する

risk reduction 危険因子緩和

road safety 交通の安全性

road traffic accident 道路交通事故

rule of law 法の支配

rules-based ルールに基づいた

rural area 農村部

rural infrastructure 農村インフラ

【S】

safe and affordable drinking water 安全で安価な飲料水

safe and secure working environments 安全・安心な労働環境

safeguard 保全する

sanitation 下水施設

scholarship 奨学金

science-based management plan 科学的な管理計画

science, technology and innovation 科学技術イノベーション（STI）

seed and plant bank 種子・植物バンク

Sendai Framework for Disaster Risk Reduction 2015-2030 仙台防災枠組2015-2030

sexual 性的

sexual and reproductive health 性と生殖に関する健康
shared responsibility 責任分担
significant 相当量の
significantly 大幅に
slavery 奴隷制
slum スラム
small island developing State 小島嶼開発途上国
small-scale 小規模の
small-scale artisanal fisher 小規模・沿岸零細漁業者
social 社会的
social protection 社会保障
social protection systems 社会保護制度
soil 土壌
sound 適正な
soundly managed 適正に管理された
source 供給源、資金源
South-South cooperation 南南協力
special and differential treatment 特別かつ異なる待遇
sphere 空間
statistical 統計に関する
strategy 戦略
strive 図る
stunting 発育阻害
substance abuse 物質乱用
substantial coverage 十分な保護
substantially 大幅に
supply 供給
sustain 保つ、持続させる
sustainability information 持続可能性に関する情報
sustainable 持続可能な
sustainable development 持続可能な開発
sustainable tourism 持続可能な観光業
sustainable use 持続可能な利用

【T】

take action 取組を行う
targeted 的をしぼった
technical and vocational skill 技術的・職業的スキル
technology 技術
technology bank 技術バンク

technology facilitation mechanism 技術促進メカニズム

10-Year Framework of Programmes on Sustainable Consumption and Production 持続可能な消費と生産に関する10年計画枠組み（10YFP）

terrestrial ecosystem 陸域生態系

terrorism テロリズム

the bottom 40 percent of the population 人口の（所得）下位40%

The Future We Want 我々の求める未来

the poor 貧困層

the vulnerable 脆弱層

threatened species 絶滅危惧種

timely タイムリーな

torture 拷問

trade restriction 貿易制限

traditional knowledge 伝統的な知識

trafficking 人身売買、違法取引

transaction costs of migrant remittances 移住労働者による送金コスト

trans-border infrastructure 越境インフラ

transboundary 国境を越えた

transfer 移転

transparent 透明性の高い

transport system 輸送システム

treatment 治療

triangular cooperation 三角協力

tuberculosis 結核

【U】

undertake 着手する

United Nations Convention on the Law of the Sea 海洋法に関する国際連合条約（UNCLOS）

United Nations Framework Convention on Climate Change 国連機構変動枠組条約（UNFCCC）

universal access 普遍的アクセス

universal health coverage ユニバーサル・ヘルス・カバレッジ（UHC）（3.8）

unpaid 無報酬の

untreated wastewater 未処理

の排水

upgrade 向上させる、改善する、改良する

urban area 都市部

urbanization 都市化

【V】

vaccine ワクチン

value 評価する、価値

value addition 高付加価値化、付加価値創造

value chain バリューチェーン

vocational training 職業訓練

voice 発言力

vulnerability 脆弱性

【W】

wage 賃金

waste 廃棄物

waste generation 廃棄物の発生

waste management 廃棄物の管理

wasteful consumption 浪費的な消費

wastewater treatment 排水処理

wasting 消耗性疾患

water-borne disease 水系感染症

water ecosystem 海洋生態系

water efficiency 水の効率的利用

water harvesting 集水

water quality 水質

water-related disaster 水関連災害

water-related ecosystem 水に関連する生態系

water scarcity 水不足

water-use efficiency 水の利用効率

well-being 福祉

wetland 湿地

wildlife product 野生生物製品

with developed countries taking the lead 先進国主導の下

withdrawal 採取

World Health Organization Framework Convention on Tobacco Control たばこの規制に関する世界保健機関枠組条約

World Trade Organization 世界貿易機関（WTO）

World Trade Organization agreements 世界貿易機関（WTO）協定

A B C D E F G H I J K L M N O P Q R S T U V W X Y Z

World Trade Organization fisheries subsidies negotiation 世界貿易機関（WTO）漁業補助金交渉

worst forms of child labour 最悪な形態の児童労働

【Y】

youth employment 若年雇用

youth not in employment, education or training 就労、就学及び職業訓練のいずれも行っていない若者

著：渡邉　優（わたなべ　まさる）
1956年東京生まれ。東京大学卒業後、外務省に入省。大臣官房審議官、キューバ大使などを歴任。退職後、知見をいかして国際関係論の学者兼文筆業へ。著書に『知られざるキューバ』(ベレ出版)、『グアンタナモ アメリカ・キューバ関係にささった棘』(彩流社)、『これならわかる！　SDGsのターゲット169 徹底解説』（ポプラ社）などがある。外務省時代の経験・知識により「SDGs 子ども大学運動」の支柱の１人として活躍。国連英検指導検討委員、日本国際問題研究所客員研究員なども務める。

企画・構成：稲葉茂勝（いなば　しげかつ）
1953年東京生まれ。編集者としてこれまでに1500冊以上を担当。自著も多数。SDGs関連著書には、『SDGsのきほん　未来のための17の目標』全18巻（ポプラ社）、『これならわかる！　SDGsのターゲット169　徹底解説』（ポプラ社）、『教科で学ぶSDGs学』（今人舎）、『食卓からSDGsを考えよう！』全３巻（岩崎書店）、『2025年大阪・関西万博SDGsガイドブック』（文研出版）、『SDGsがより深くわかる！　国連ファミリー・パーフェクトガイド　しくみと役割』（新日本出版社）などがある。2019年にNPO法人子ども大学くにたちを設立し、同理事長に就任して以来、「SDGs子ども大学運動」を展開している。

編集：二宮祐子、上野瑞希
デザイン・DTP製作：高橋博美
制作：株式会社 今人舎
校正：渡邉郁夫

協力：株式会社 三省堂

SDGs１～17の目標とターゲット（外務省仮訳）の出典
「SDGsグローバル指標」（英文と和文）https://www.mofa.go.jp/mofaj/gaiko/oda/sdgs/statistics/index.html

SDGs辞典／SDGs Dictionary

2022年12月30日　初版第１刷発行　〈検印省略〉

定価はカバーに
表示しています

著　者　渡邉　優
発行者　杉田啓三
印刷者　和田淳子

発行所　株式会社　ミネルヴァ書房
607-8494　京都市山科区日ノ岡堤谷町１
電話代表 (075)581-5191
振替口座 01020-0-8076

平河工業社

ISBN978-4-623-09521-6
Printed in Japan